未解明の不思議

神岡真司

ワニブックス
|PLUS|新書

はじめに

知っているつもりで知らなかった「未解明の不思議」に通じ人生を快適に！

私たちは、人間のこと、宇宙のこと、生物のこと、日常生活のこと、政治経済や世の中の仕組みについて……など、ふだん何気なくわかっているつもりで生活しています。日々の暮らしや仕事に追われているので、いちいち立ち止まって考えてみるゆとりや余裕もないからで、特別考える必要に迫られたわけでもないからです。

しかし、いったん立ち止まり、少しでも、こうした事柄と真面目に向き合ってみると面白い発見に満ちているものです。自分ではわかっているつもりだったことと、本当にわかっていなかったこと——その辺が浮き彫りになるとさまざまな「気づき」が得られます。こうだろうなと考えていたことが、ひっくり返る発見の喜びともいえます。

きっと物事の真相に近づくほどに、ますます心地よい快感が味わえることでしょう。

誰もが知りたい・知っておきたいテーマで知的好奇心が刺激される！

本書は「なぜ、そうなの？」「なんでそうなってるの？」といった素朴な好奇心を全開にしてあらゆる分野に迫っています。まずは、章立てをご紹介いたしましょう。

※第1章「人間の不思議」では、生命の謎から、頭の良し悪しの謎まで扱いました。
※第2章「宇宙の不思議」では、ビッグバンから、宇宙線や引力の謎にも挑んでいます。
※第3章「生物の不思議」では、渡り鳥から、常在菌や「あくび」の謎にも迫りました。
※第4章「日常生活の不思議」では、熟成肉から、メガ大家の実態まで切り込みました。
※第5章「政治経済・世の中の仕組みの不思議」では、物事の本質に焦点を当てました。

きっと、読者の皆様の知的好奇心が刺激される内容と自負する次第です。
どうか、興味のある項目から、ピックアップしてお読みいただければ幸いです。

人生を生き抜く「ヒント集」としても活用できる！

さて近年、日本では、格差社会が広がってきています。

また将来のＡＩ社会の到来により、自動化の影響で人々の仕事も奪われ、ますます格差が広がる社会もイメージされています。

本書は、ありとあらゆる分野にランダムに切り込み、将来の「生き残り」のヒントになる事柄もいろいろ織り込んでいるつもりです。

本書を通じて、新しい視点で物事をとらえ、近未来に備えていただくことも可能と考えます。世の中の仕組みや人生を考えていただく上での「ヒント集」としても、お役立ていただけるはず——と著者は信じております。

どうか最後までお付き合いくださることを心から願う次第です。

著者

未解明の不思議　目次

第1章 人間の不思議

第2章

宇宙の不思議

第3章

生物の不思議

第3章

第4章 日常生活の不思議

第4章

第5章

日常生活の不思議

第5章

未解明の不思議

第1章

人間の不思議

01 現在の人類はいかに誕生したのか?

ビッグバンで宇宙が誕生したのが、およそ138億年前。太陽系とともに地球が生まれたのが46億年前。そして、45億年前頃はじめて原始生命体が地球に誕生したとされます。さらに生物が多様化し、今日に連なる種を育んだのが、5億4000万年前頃に始まって1万年余り続いた「カンブリア爆発」と呼ばれる時期でした。その後、何度もの氷期を経て生物も進化と絶滅を繰り返し、1億年前頃には恐竜の全盛期を迎え、その絶滅は6550万年前頃と推定されます(隕石の衝突で生物の75%消滅説が有力)。

多様な生物の進化から、**人が属する霊長類が誕生したのは、1億年前から7000万年前**と考えられています。霊長類の中で最も原始的な「原猿類」です。人の形よりネズミに近い形をしていましたが、脳が大きく、手先が繊細で敏感だったと推測されます。

4000万年前頃には、後足立ちができる類人亜目が分かれ、3000万年前頃には尻尾のないサルが登場、1700万年前頃には大型のサルが現れ、これが現存するチンパンジー、ゴリラ、オランウータンなどの祖先にあたります。

600万年〜500万年前頃に誕生したのが、ヒト亜科とされる「猿人」です。サルより大きな脳をもち、不自由なく直立2足歩行ができる人類の共通の祖先です。アウストラロピテクスが有名ですが、2本足で直立できたので脳を垂直に安定的に支えられ、これが脳の発達を促し、両手で道具を使えるようにさせたといいます。

そして、180万年前頃に登場したのが「原人」でした。脳の大きさが「猿人」の2倍の1000cc ぐらいで石器を使いました（現代人は1450cc）。50万年前頃には「北京原人」が火を使って暖をとり、加熱調理までしています。この頃から紀元前6000年前頃までが旧石器時代（打製石器）で、以降新石器時代（磨製石器）と分けられます。

「原人」に続き、50〜30万年前頃に登場したのが「旧人類（ネアンデルタール人など）」ですが、その後重なるように**30〜20万年前頃に現れた、私たちにつながる「新人類（クロマニヨン人など）」が、旧人類とどう関わったかについては未解明**なのです。

02 脳の大きさと知能はどう関係しているのか？

前項で、新人類（ホモサピエンス）の脳の大きさは1450㏄と紹介しましたが、実は旧人類であるネアンデルタール人の脳は、平均して1600㏄もの容量があり、最大で1700㏄の化石も見つかっています。私たちの脳よりもはるかに大きかったのです。

脳が大きいほど知能が優れているなら、これは不思議です。

ただし、ネアンデルタール人の頭蓋骨は、前後に扁平に潰れた形で、小脳が極端に小さいため、言語生成や社会能力で新人類に劣ったといわれています。

ネアンデルタール人は4万～2万数千年前頃までに絶滅しますが、胎児の脳が大きすぎて産道をうまく通れなかったから絶滅したという説があるほど脳が大きかったのです（新人類との抗争で絶滅したという説や、食糧不足による絶滅説など、その絶滅理由はよくわかっていません）。これと似た例では、オオカミの脳とシベリアンハスキーの脳を比べた場合でも、オオカミの脳のほうが大きいことも知られています。

では、生物界における脳の大きさと知能の関係はどうなっているのでしょうか。

一般に高等動物といわれる脊椎動物、哺乳類、霊長類では、脳が大きいほど知能も高くなりますが例外もあります。ゾウやクジラの脳は、人間よりも大きいですが、知能は人間に劣っています。脳は単に大きいというだけで、知能の優劣が決まるわけではないからです。人間の脳の重さは、体重の2・6％を占め、ゾウは0・2％、クジラは0・04％です。体重に占める比率が高いほど、知能は優秀といえそうです。

しかし、**ネズミの脳は体重の3・6％と人間よりも比率は高いのに知能は低い**のです。

実は、こうした単純な体重比率だけでは知能差は決められなかったのです。

哺乳類の脳の重さは、体重の0・75乗に比例することが数理生物学では明らかになっており、それよりもやや重いのが人間の脳という説明が最も合理的だったのです。

人間の脳は巨大な前頭葉の発達が象徴的で、ここに機能の優位性が集約されています。司令塔的な役割で、抽象的な推論、計画、決断、環境への適応など、人間ならではの能力が培われるようになったからだといわれているのです。

03 「地球上の生命」はそもそもどうして生まれたのか？

「人類の誕生」や「脳の大きさと知能」について見てきましたが、そもそも進化論に基づくヒトへの発展の歴史を辿ると、いったいなぜ生命が地球上に「誕生」したのかも知りたくなります。地球上に生命が誕生した謎については、古代ギリシャの昔から神が創ったと考えられたり、アリストテレスは「自然発生説」などを語っていました。近年においてこうした生命起源説は、さまざまな研究者により、「化学進化説（無機物から有機物が蓄積され生命が誕生）」「シンビオジェネシス（有機体統合説）」「粘土説（粘土の界面上でアミノ酸重合反応）」「リン酸化反応説」などが唱えられてきました。こうした中、自然科学者たちの間で意外にも多く支持されているのが「パンスペルミア説」なのです。

「パンスペルミア説」は、地球の生命の起源は、**地球上にあるのではなく、他の天体から運ばれてきた微生物の芽胞が地球に届いたもの**――という説です。

別名「胚種広布説」ですが、1903年に世界で最初に唱えたのは物理化学の創始者といわれるスウェーデンの科学者スヴァンテ・アレニウス（1903年電解質の解離理論でノーベル化学賞受賞）でした。アレニウスは、パンスペルミアが隕石に付着して地球に届くのではなく、恒星からの光の圧力で宇宙空間を移動して地球に届いたとする「光パンスペルミア説」を唱えました。太陽光の圧力は微細でも200ナノm以下の大きさなら、移動できる可能性があるとしたのでした。

一方、隕石に付着したものは「弾丸パンスペルミア」と呼びますが、アレニウスは、生命現象も化学現象としてとらえ、**生命の進行も宇宙の超低温下においては緩やかになるため実現性がある**と考えました。その後、「パンスペルミア説」は、彗星と地球の衝突で起こるとされたり、高度に進化した宇宙人が地球に意図的に送り込んできたものとする「意図的パンスペルミア説」が唱えられたり、宇宙線や大気圏摩擦から微生物が守られるためには隕石の内部にこそ存在する必要があるなどと論争を呼んできました。

日本でも2015年から、生命や有機化合物の惑星間移動の可能性を探るべく、国際宇宙ステーションのきぼう実験棟で「たんぽぽ計画」のプロジェクトが始まっています。

04 「親切な人」や「冷酷な人」は「生まれつき」なのか？

心理学では、有名な人間関係の原理に「ザイアンスの法則」というのがあります。

①人は、見知らぬ人には、批判的、攻撃的、冷淡に対応する。
②人は、会えば会うほど好意的に対応する。
③人は、相手の人間的側面を知るとより強く好意的に対応する。

誰もが知らない人には他人行儀でしょう。しかし、何度も接するうちに親しみが湧いてきます（単純接触）。そしてその人の人間性に馴染むところがあるとさらに好意的になります。これが米国の心理学者ロバート・ザイアンスが唱えた、一般的な人間行動における3原則でした。ふつうの人間というのは、こういう習性があるわけです。

ところが、世間には見知らぬ人に対しても、とても親切で優しい人はいるものです。たとえば、困っている人を見ると矢も盾もたまらず、自分から何とかして助けてあげようと考える人です。自分の臓器を見知らぬ他人に移植するドナー（寄付・提供者）といった人なども、極めて利他的な善意の人といえるでしょう。

サイコパスの研究で名高い米国のジョージタウン大学心理学部のアビゲイル・マーシュ博士は、腎臓移植のドナーとなった人と一度もドナーになったことがない人の脳をスキャンして驚くべきことを発見します。脳内スキャンをする際に、両者に他人の「怒りの表情の人」「平静な表情の人」「不安に怯えた表情の人」の3パターンの写真を見せた場合の変化を記録したのです。ドナーとなった利他的な人は、ドナーにならなかった人と比べ、脳内で感情を司る扁桃体が非常に活発に反応しただけでなく、扁桃体が標準よりも大きかったのです。これ以前にアビゲイル・マーシュ博士は**サイコパスの脳をスキャン**していますが、実はサイコパスの人の扁桃体は標準よりも小さく、**「不安に怯える表情の人」の写真を見ても何の反応も示さなかった**という正反対の結果でした。「親切な人」とか「冷酷な人」というのは、未解明ながら「生まれつき」の可能性があるのです。

05 「近視の人」は頭がよいのか?

メガネをかけている人は知性的に見える——とはよくいわれます。

しかし、テレビやスマホのなかった時代なら、沢山本を読んで勉強したため、目が悪くなったというイメージになるかもしれませんが、現代ではそうとも限らないはずです。

それなのになぜ、メガネをかけている人は知性的に見えるのでしょうか。

残念ながら、これは未解明の謎です。いろいろな調査で、**ほぼ4割強の人が「眼鏡の人は賢く見える」と回答**しますが、なぜそうなのか——といった原因は不明だからです。

ところで、近視や遠視は、環境要因だけでなく遺伝的要素も大きいのです。

エジンバラ大学の遺伝統計学を専門とするゲイル・デイヴィス博士は、2018年5月に科学誌「ネイチャーコミュニケーションズ」に驚くべき研究成果を発表しました。

それによれば、英国のバイオバンクに登録された30万人の遺伝データと認知機能に関するデータを照合・分析した結果、**知的能力の優れた人は、視力の弱さと関連する遺伝子をもつ確率が、そうでない人と比べて30%も高い**ことが明らかになったというのです。つまり、近視でメガネやコンタクトレンズを装着している人は知性が高い傾向が、確かに窺えたということなのでした。ただし、この傾向はあくまで近視の場合であって、遠視ではマイナスの相関になっています。

デイヴィス博士は、この他にも、知性と健康要因についても遺伝子の相関を明らかにしています。たとえば、知的能力の高い人は、高血圧や心臓発作、狭心症、肺がん、うつ病などを患う可能性が低いことも突き止めています。おまけに、**長生きする可能性は、ふつうの人より17%も高い**というものでした。メガネやコンタクトレンズのお世話になっている人にとっては、何だか嬉しくなるような話でもあるでしょう。

もっとも、近視の人でも知性の高くない人もいるし、遠視の人でももとびきり知性の高い人もいるのです。遺伝の研究はまだまだ未解明の部分も多く、これからの研究次第で、さまざまな未解明部分にも光が当てられることが期待されるでしょう。

06 日本人はどこから来たのか？

そもそも日本列島はユーラシア大陸の一部でした。火山の噴火など4～5億年前頃から の地殻変動によって、大きな窪地が生まれ、そこに1500万年前頃海が侵入したのが日本海の原型です。最近の研究では、3万年前頃には、すでに列島は海に囲まれていたとされ、そうなると**私たち日本人の祖先が、当初はいったいどんな手段で海を越えてきたか——が未解明**なのです（北海道ルート、対馬ルート、沖縄ルートなどがある）。

当時の打製石器では丸木舟を作ることは不可能ですし、斧のような石器も発見されていません。海を渡るため、草を束ねて船を造ったという説もあるものの、謎なのです。

島への移住が実現するためには、少なくとも10人程度の若い男女がいなければ子孫を残すことが不可能なので、**漂着ではなく意図的に海を渡ってきた**わけです。しかしなぜ、危険を冒してまで列島への長距離航海に挑んだのか——ということも謎なのです。

ところで、考古学研究に加え、2003年にヒトゲノムが解読され、日本人の遺伝的特性の研究も進み、核DNAの解析で日本人の起源も明らかになってきました。

まず、4万年前から4千年前頃までに最初に流入した渡来人は、旧石器時代の人々ですが、これがのちの縄文人になったようで（縄文時代は約1万年前頃から）、現在の東アジア人とはDNAが大きく異なり、アイヌや琉球人の直接の祖先にあたります。

4千年前頃から3千年前頃にかけては、前述の縄文人とはDNAを異にする渡来人が流入します。血液型がほぼO型で、縄文人とは中央部で混血したものの、北海道や東北部ではその痕跡があまり見られない人たちです。そして、3千年前頃から1700年前頃に渡来したのが、朝鮮半島から海を渡って流入し稲作を伝えたとされる弥生人です。

こうして、縄文人と弥生人との混血がすすみ、列島に日本人が広がるわけですが、縄文人の血を受け継ぐ私たち日本人のDNAは、不思議なことに**現在の中国人や朝鮮人のDNAとは別種で、むしろチベット人にルーツが近い**とされています。これは中国人や朝鮮人よりも古い時代に渡来した縄文人のDNAに起因するからなのでした。

07 なぜ人間は眠るのか？

なぜ人や動物は眠るのか――睡眠が脳や体に及ぼす影響については未解明だらけです。

しかし、大まかな睡眠の役割は明らかになっています。実は、ヒトや動物といった哺乳類だけでなく、鳥類や爬虫類、魚類にいたるまで眠りのフェーズがあります。イルカやアザラシ、一部の鳥は、左右の目を片方ずつ閉じることで左脳と右脳を交互に眠らせ、長距離を泳ぎ飛行します。つまり、睡眠は動物にとって不可欠のもので、そのため、ショートスリーパーを除く多くの人は、**人生の3分の1＝25年以上は眠っている**のです。

日本の睡眠研究の第一人者である井上昌次郎博士は、「人や高等動物は、連続運転に最も弱い臓器である大脳に頼って生きている。その大脳をうまく管理するための自立機能が睡眠である。睡眠は大脳を守り、修復し、よりよく活動させる役割を担っている」と解説しています。そして、ヒトや動物で繰り返された「断眠実験」により、眠りを奪うと生体機能が劣化し、長期にわたると死に至るものとして警鐘を鳴らしています。

これまでの断眠の記録では、1964年に米国のサンディエゴの高校生ランディー青年が出した11日と12分（264時間）が世界一です。スタンフォード大学の教授も立ち会った記録なので信憑性があります。ランディー青年が断眠を始めて2日目には眠気と倦怠感、4日目には自分が有名なプロスポーツ選手という誇大妄想に陥り、6日目には幻覚が現れ、9日目には視力低下や被害妄想にとらわれ、最後は極度の記憶障害が生じていますが、首から下の身体には特に影響が見られませんでした。断眠終了後は15時間爆睡後に自然覚醒し、その後は精神面でも肉体面でも後遺症はなかったのでした。

睡眠については近年、脳が学習する際、脳内の神経細胞ニューロン同士を結び付けるシナプスの情報伝達力を強くする必要があり、昼間の脳の活動では、「ノイズ」にあふれた状態なので、睡眠が記憶のコントロールに重要な役割を果たしているといわれます。

身体を休ませ、精神を正常に保ち、記憶の強化に欠かせないのが睡眠というわけです。

08 なぜ人間は笑うのか？

笑いが健康によいことは数々の実験で明らかです。「免疫力が高まる」「血糖値が下がる」「血液がサラサラになる」といった効用で健康増進に役立ちますが、なぜ笑うことが生体にまで影響を及ぼすのか――その具体的なメカニズムはまだまだ謎を秘めています。

笑いは、大きく分けて「不随意の笑い」と「随意の笑い」があるとされます。突然おかしさを感じてアハハと笑う、微笑むというのは「不随意の笑い」で「快」を伴います。一方、「快」を伴わず、わざと笑う、誰かにニッコリ微笑む――といった意図的な行為は「随意の笑い」になります。前者の「不随意の笑い」は、哺乳動物全般に見られるフェーズで、犬が尻尾を振る、猫が喉《のど》をゴロゴロ鳴らすことも該当します。

もちろん、**健康によいのは自然な「不随意の笑い」のほう**です。つまり、何かで意表を突かれて笑う、笑みがこぼれる「不随意の笑い」が「快」をもたらし、健康面に貢献するのです。愛想笑いや照れ笑い、人を挑発する嘲笑などは、「快」ではないからです。

18世紀のプロイセン（ドイツ）の哲学者カントは、「不随意の笑い」について「笑いとは、緊張した予期が突然なくなることで生ずる情動」と例えました。たとえば、厳粛な場で、何かの予想外の場面に出くわし、思わず笑い転げてしまうことがあるでしょう。

脳科学者の澤口俊之先生は、笑いは言語によるコミュニケーションの前段階にある原始的なコミュニケーション手段で、「自分の間違いを笑うこと」と解き明かします。すなわち、自分の予期した前提が外れることで、自分を笑うのだから、「自分のことを客観視し、相対化していないと笑えない」というわけです。ゆえに高度な脳の作用であり、**よく笑う人は頭がよく、自分のミステイクに気づける人**と説いています。

澤口先生によれば、「笑うと、眼窩（眼球を包む頭蓋骨の凹み）の上にある前頭眼窩皮質がはたらいて、心や体の痛みを和らげるエンドルフィンや成長ホルモンを出します。これが心臓や血管にいい」そうなのですが、その詳細はまだまだ不明のままなのです。

09 なぜ人間は泣くのか?

人や動物の眼球は涙でつねに潤い保たれていますが、こうした生理的要因以外に、感情の高まりによって目から涙をあふれさせ、「泣く」という行為は人間だけの特徴です。

古典的心理学の理論では「ジェームズ=ランゲ説」というのが有名です。19世紀の終り頃、米国の心理学者ウィリアム・ジェームズとデンマークの生理学者カール・ランゲが同じように唱えた「情動の末梢起源説」で、**「悲しいから泣くのではない、泣くから悲しくなる」「楽しいから笑うのではない。笑うから楽しくなる」**といった言葉に代表されるように、感情が湧きたつ前に生理学的反応が生じると説き、「情動の中枢起源説」を唱えた「キャノン=バード説」などと論争を引き起こしました。

今日では、悲しい時、感動した時に「泣く」という行為によって、人は興奮状態の交感神経からリラックス状態の副交感神経へのスイッチが入ることはよく知られています。

しかし、**その脳内メカニズムの成り立ちの詳細については、まだ未解明**なのです。

米国ミネソタ大学の生化学者ウィリアム・H・フレイ2世博士は、1985年に「涙の成分」に関する面白い実験をしました。**悲しい映画を観せて泣いた人の涙と、タマネギを切った時に出る涙の成分を比較した**のです。悲しい映画で泣いた人の涙には、副腎皮質ホルモンのACTHという成分が多く検出されました。これはストレス反応で分泌されるホルモンで、人は泣くことで涙と一緒にストレスを排出していると唱えたのです。

ちなみに、涙の成分は毛細血管から血球を除いたもので、98%が水分で残りはたんぱく質やリン酸塩などです。同博士は、ミネソタ州の病院で調べた女性の85%、男性の73%が、涙を流した直後に、怒りや悲しみが泣く前よりも軽減したという調査結果も明らかにしました。自分の激しい感情と直面し、涙を流して泣くことで、率直にストレスを吐き出せば、心の再活性化が図られる——ということを同博士は提唱したのです。

苦しい、悲しい——といったストレスに見舞われたら、思いっきり泣きましょう。

10 なぜ人間は怒るのか？

人間の「怒り」の感情については、怒りっぽい人もいれば、そうでない人もおり、なぜそうした人格上の差異が生ずるかについても多くの謎があります。一説には、感情を制御する脳の前頭辺縁領域の灰白質が怒りっぽい人には少ないという研究もあります。

ところで、**「怒り」については、古来様々な考察があるものの、いずれも否定的**です。有名なのは2千年前、後年残虐になったローマ皇帝ネロに仕えたストア学派の哲学者セネカの名言です。「怒りというものは、それを起こさせた相手の過失よりもさらに悪いものです」というネガティブな見解で、どう鎮静化させるべきかの考察を行いました。

米国の心理学者ポール・エクマンは、人間の表情と感情の関係は、世界的普遍性があり、生物学的基盤があるものとして、「怒り」「嫌悪」「恐れ」「幸福感」「悲しみ」「驚き」の6つを基本的感情として、「怒り」が最も攻撃的で爆発的エネルギーをもつ感情ゆえに、その筆頭に掲げ、顔の表情の変化についてもさまざまに言及したのでした。

脳科学者の中野信子先生は、**キレやすい人は、脳の「前頭前皮質」のはたらきが不十分な場合にキレやすくなるケースがある**と指摘しています。前頭前皮質は、自分の行動をモニターして、実行すべきかどうかを判断するところゆえ、体調不良、寝不足、お酒、薬物などの影響があると、この前頭前皮質のブレーキが効きにくくなるというのです。

なぜ人は怒るのでしょうか。パワハラ人間はどうして生まれるのでしょうか。

「怒り」の感情は、目の前の状況が、自分の想定していた「あるべき状況」にないことで生み出されます。目の前の状況が、「〜ではない」という時に怒りが爆発するわけです。

もちろん、怒ることの背景に、相手などを屈服させ、自分の思い通りにしたい——という傲慢な心理もはたらきます。すぐに怒る人は、許容度の小さい、認識のキャパシティが狭い幼稚な人でもあるわけです。状況が、自分の生存本能を脅かされたように不安に思い激昂するのです。深呼吸する、数を数える、自己への客観視などの、アンガーマネジメントが大事です。建設的感情に変換することで自己成長したいものです。

11 なぜ全身麻酔は効くのか？

麻酔には「局所麻酔」と「全身麻酔」があります。

「局所麻酔」は、身体の一部分だけの神経を脳と遮断し、無感覚と鎮静作用を及ぼすというメカニズムです。しかし、**全身が無感覚となり、無意識で呼吸も止まり酸素吸入が必要となる「全身麻酔」においては、そのメカニズムの詳しいことがわかっていない**――というのですから驚かされます。

世界最初の全身麻酔は、日本の江戸時代の外科医・華岡青洲といわれます。

華岡は、長崎・平戸のオランダ商館のドイツ人医師から外科技術を学んだ後、患者の手術時の痛みを失くすべく、麻酔薬を研究・開発し、チョウセンアサガオの実やトリカブトなどからなる薬草に麻酔成分があることを発見します。そして、動物実験や家族などの人体実験を経て全身麻酔薬「通仙散」を完成させ、１８０４年に60歳の女性の乳がん切除手術の全身麻酔を成功させています（ただし患者は4カ月後に死亡）。

ところで、全身麻酔の状態と、睡眠の時の状態は脳波のパターンも異なります。全身麻酔は、いわゆる昏睡状態であり、麻酔剤の点滴での静脈導入か、マスク装着の吸入で導入され、コントロールできるものです。静脈麻酔での導入は、中枢神経抑制作用のあるプロポフォールという薬剤が主に用いられ、マスク吸入での導入は、笑気ガス（亜酸化窒素）などです。19世紀の頃の麻酔は、ヴィクトリア女王の無痛分娩で有名になったクロロホルムが使われましたが、不整脈などの副作用が嫌われ、その後ジエチルエーテルに移行しますが発火性の危険から、現在の麻酔薬へと転じています。

麻酔が一般的になってからおよそ150年。現在もそのメカニズムは未解明です。しかし、2017年宇都宮大学のバイオサイエンス教育研究センターのグループが**食中植物を使った細胞レベルの実験で、麻酔により細胞同士に情報を伝える「活動電位」が消えることを発見**しています。麻酔のメカニズム解明へと近づいているのでした。

12 頭の良し悪しは本当に遺伝で決まるのか?

頭の良し悪しは、生まれた時からの「遺伝」で決まる——ということだと、塾や予備校関係者にとっては、まことに「不都合な真実」ということになります。

親の学歴や職業、年収などを勘案すれば、その子供の将来像もおおむね予想できることになると、**低学歴・低年収の親の子供は、どんなに勉強を頑張っても将来像は親のレベルと同等になり、タカが知れている**——ことになります。本当に遺伝によって、子供の能力は決まるのでしょうか。答えは未解明です。決定版という正解はないからです。

行動遺伝学という研究分野があります。知能や性格などがどう遺伝するかを調べる学問で、そこでは長期にわたり1万組以上の一卵性双生児と二卵性双生児の類似性を比較し、遺伝と環境の影響率を算出することが行われています。行動遺伝学の泰斗である安藤寿康先生の著書『日本人の9割が知らない遺伝の真実』(SB新書)によれば、**あらゆ**

る能力の概ね50%くらいは、遺伝によって説明できるとしています。たとえば、神経質、外向性、開拓性、同調性、勤勉性といった性格については30〜50%において遺伝で説明でき、知能では70%以上、学力では50〜60%程度に及ぶといいます。

しかし、遺伝といっても、親の特徴がそのまま子供に受け継がれるわけではないとも説いています。子供は、父と母の遺伝子を半分ずつ受け継ぎ、個々の形質は多数の遺伝子が関わるため、親と同じ特徴をもつことはほとんどないからです。つまり、**遺伝とは、「生まれた時に配られたトランプの手札」のようなもの**で、環境要因も大きいからです。ゆえに、けっして勤勉に努力して勉強することが否定されるものでもないわけです。

脳医学者の瀧靖之先生も、「脳の発達過程を踏まえると、親の頭の良し悪しは、子供にあまり影響しない」と説いています。脳の発達過程は、誕生から大人になるまで、まず視覚を担う後頭葉、聴覚を担う側頭葉が発達し、次いで3歳ぐらいから運動野の頭頂葉が発達し、最後に発達するのが思考・感情・理性などを司る前頭葉で、中でも前頭前野の発達は思春期から20代ゆえ、遺伝の影響はやはり5〜6割にとどまるとしています。

13 寿命はどこまで延び文明はどこまで進化していくのか?

日本人の平均寿命は、1960年に男性65歳、女性70歳でしたが、58年後の2018年には男性81歳、女性87歳まで延びました。乳幼児死亡率や、がんの死亡率が下がるといった医療の進歩による影響が大きいからです。100歳以上の日本人も、60年には150人足らずだったのに、18年には6万9千人を超え(88%が女性)、生存率で見ても、90歳時点の男性の26%、女性の50%が存命です。

世界的に見ても、平均寿命は延び続けてきましたが、この先どこまで延びるのかは、未解明です。現在がほぼピークという遺伝学者もいれば、脳機能そのものが120歳程度が延びの限界という脳科学者もいます。いっぽうで遺伝子組み換え技術の発達で、**180歳や200歳まで寿命が延びるのも不可能ではない**という科学者もいるからです。

米国のSETI研究所(地球外知的生命体探査)の上級研究者で天文学者のセス・シ

ヨスタク博士は、「狼から犬が生れたように、人間から新たな生物が生れるでしょう。人工知能や義肢によってサイボーグ化もすすみ、デザイナーズベイビーが増え、スペースコロニー（宇宙居住施設）でこれまでにない進化を遂げた人類が生活していてもおかしくありません」とその可能性に言及しています。たしかに遺伝子組み換え技術は、革命的な進化を遂げているので、そうした未来が訪れるかもしれません。

ではこの先、文明はどこまで進化していくのでしょう。

ここ10数年で、コンピューターやインターネット、スマートフォンなどの発達によって生活環境も劇的な進歩を遂げてきています。**2045年には人工知能が人間の脳を超える技術的特異点（シンギュラリティー）に到達する**とまで予想されています。

科学技術の進展で、想像もしなかった未来が到来するかもしれないわけなのです。

しかし、英国の理論物理学者のスティーブン・ホーキング博士は警告しています。

「遠くない未来に、小惑星衝突や核戦争で人類は滅亡するかもしれません。しかし、宇宙空間にスペースコロニーを作ることができれば、人類の未来は安全でしょう」

14 スポーツの世界記録はなぜ更新されるのか？

人間の体の構造についてはほぼ解明されてきました。とりわけ筋肉や骨の構造などは医学的にも十分な研究がなされています。未解明なのは大脳や一部の臓器に限られます。面白いのは、生まれたばかりの赤ちゃんの頃、全身の骨は300本以上もありますが、平均的な大人になると206本にまで減ります。骨は成長とともに合体するからです。

こうして、人間の体や身体能力においても、概要はほぼ突き止められていますが、オリンピックや国際的なスポーツ大会などでは、今でもたまに世界記録が更新されます。一般的な人間の身体能力が向上しているのか——といえばそんなことはありません。ごく一部の優秀な選手が、過去の世界記録を塗り替えてしまうからですが、考えてみれば、これはとても不思議な現象であり、未解明の謎ともいえるものでしょう。

こうした現象を解明するべく、これまでにもさまざまな考察が行われてきています。**なぜ人間の能力が飛躍的に向上していないのに世界新記録が出るのか**——という謎です。

一番目の理由では、各競技の種目毎に、最も合理的な体の動きが科学的に研究され、一流の選手がそれに合わせたテクニックを磨いたから——ということが挙げられます。

二番目の理由では、道具や環境の向上が挙げられます。陸上競技ならシューズの進歩、トラックといった競技環境の向上、ユニフォームの改善、その他競技に使う道具の向上——といった面が挙げられます。

三番目の理由では、競技に相応しい食生活の改善や、メンタルトレーニングの重視といった精神面でのコントロール技術が発達したこと——なども挙げられるでしょう。

しかし、これらのことだけで本当に世界新記録が出るのでしょうか。まだ半信半疑にならざるをえませんが、数学の研究者によれば、1回目で新記録が出るのは当然として、2回目は2分の1、3回目は3分の1……といった具合に新記録が出る確率は年々減るものの、**確率は低くても世界新記録の可能性はつねにゼロではない**——というのでした。

15 人間は死んだらどうなるのか？

人間が死んだ場合に、体がどうなるかは、動物と同じです。

体温は、血液の流れが止まるために室温まで下がり、血液が重力で下がり留まった部分が青紫色になり、それ以外は灰色になります。カルシウムが筋肉に滞り、死後硬直が始まります。そして十数時間を経ると筋肉のたんぱく質が分解され、やがて筋肉が緩み、糞尿が排出されたりすることもあります。死んだ細胞が酵素を放出するため、細胞の消化が始まります。猛烈な腐敗臭が発生してバクテリアの数が増え、死体は黒ずみ、ウジが湧きます。**そのまま腐敗の進行がすすむと臓器や皮膚が液体となって流れ出します。**

こうした悲惨な状態になるため、「孤独死」が危ぶまれる高齢者の一人暮らしには、大家さんは部屋を貸したがらないわけです。後始末に特殊作業が必要になり、おまけに「事故物件」と呼ばれて次の貸し出しが困難になります。隣室の入居者も退居するでしょう。

ところで、人間は死んでも魂が残ると信じる人もいます。「輪廻転生」というインド哲学や東洋思想、仏教などにつきものの考え方です。人は死んでも魂は死なずに、いずれ再び人間や動物や昆虫類といった肉体を得て、生まれ変わってくるという説です。

前世療法だとか、前世を占うといったスピリチュアルを商売にする人達にとっては、欠かせない思想です。こういう商売人は、「あなたの前世は昆虫でフンコロガシでした」などとは絶対に言いません。お客を怒らせたら成り立たない商売だからです。「アラビアの王子だった」とか「中世の音楽家だった」とか、もっともらしく語るのみでしょう。

一度心肺停止状態になってから、生き返った人は、臨死体験で「幽体離脱」を経験したとか、三途の河を渡りそうになったものの呼び戻された——という経験を語ります。

こういうことは本当なのでしょうか。人間の死に伴う魂の行方については、未解明といえば未解明ですが、唯物論で切り捨ててしまうには、何だか物足りません。結局、今のところは宗教と同じで、信じるか信じないかは、あなた次第ということなのでしょう。

16 なぜLGBTの人が存在するのか？

ＬＧＢＴという言葉をご存知でしょうか。ＬＧＢＴは次のような意味の頭文字です。

L＝レズビアン（Lesbian）………………女性の体で自分を女性と認識する同性愛者。
G＝ゲイ（Gay）…………………………男性の体で自分を男性と認識する同性愛者。
B＝バイセクシュアル（Bisexual）…………男性・女性の両方を好きになる両性愛者。
T＝トランスジェンダー（Transgender）…体の性と心の性が一致しない人。

２０１５年４月に電通ダイバーシティ・ラボがインターネットで全国の７万人近い人々を対象にセクシャル・マイノリティ（性的少数者）に関する大規模な調査を行っています。その結果、日本にもＬＧＢＴに該当する人が、７・６％もいることがわかりました。**13人に１人の割合**です。これは世界のＬＧＢＴ人口比率の３・０〜４・５％の２倍相当の人数になるほど多いのです。そして、LGBT層が消費する市場規模も5・94兆円にものぼりました。この結果に驚いた日本の企業は、LGBTの人たちへの積極的な取り組みを開始するようになります。これまでのように無視や排除といったスタンスでは、企業活動が成り立たないことを自覚したからです。とてもよい傾向でしょう。

LGBTの人たちは、生まれながらにして社会の中で大きな悩みを抱えます。いわれなき差別や偏見にさらされるため、カミングアウトすらままならず、自分の気持ちをひた隠しにして生きる人も多いのです。LGBTの人たちは、私たちの中にいる左利きの人たちと変わらない存在という認識が必要です。LGBTは個性にすぎないからです。太古の昔から、LGBTの人たちは存在してきたれっきとした事実だからです。

ではなぜ、LGBTの人たちが存在するのでしょうか。これも未解明の謎なのです。研究者の間では、**「遺伝的要因説（先天性）」**と**「環境的要因説（後天性）」**が挙げられ、脳の構造説、妊娠中のストレス説、共有環境説、特異環境説などが議論されています。

17 日本語の起源や成り立ちはどこから来たのか？

日本語の起源や成り立ちは、未だ未解明の謎となっています。
現代日本人を構成する人たちは、かつて海を渡って三方（北海道ルート、対馬ルート、沖縄ルート）からやってきたわけですが、言語についての統一的な系譜はわかっていないのです（アイヌ語と日本語の共通点は少なく、日本語と沖縄語はつながりが深い）。

世界で最も広範な地域で、音韻や文法などの共通の系譜をもつ「インド・ヨーロッパ語族」は、英語、ヒンディー語、スペイン語、ポルトガル語、ロシア語、ドイツ語、フランス語、イタリア語、ウルドゥー語、ペルシャ語など、今日100カ国にも及ぶ言語体系に及びますが、日本語はここにも属さず、その他の比較的広い地域にまたがる語族として有名な「ウラル語族」「アルタイ語族」「モンゴル語族」「シナ・チベット語族」にも属していません。**日本語が孤立した語と呼ばれるゆえん**です。日本語は、朝鮮語と文法の語順が似ていますが、朝鮮語とも音韻上の相違点が多く異質の言語となっています。

日本人は、旧石器時代の人々から、のちの縄文人、そして、稲作を伝えた弥生人の混血ですが、言葉はそれぞれの言語が混成したと考えられます。ただし、昔の日本は東西に隔たっており、西側が和語で、東北や北海道はアイヌ語が主流だったと推定されます。

日本語は、主に3つの言語の組み合わせから構成されています。旧石器時代から伝わってきた「和語」と、弥生時代の頃に伝わった古い中国の「漢語」、それに16世紀ごろに大航海時代のヨーロッパ人と接するようになって普及した「カタカナ語」の3つです。

結局、日本語のルーツは不明ですが、近隣の漢語圏では面白い現象も見られます。

明治時代に、アジア初の近代化を遂げた日本の和製漢語が、中国に逆輸入され、現代の中国語に多く取り入れられているのです。「人民」「共和国」「文化」「文明」「革命」「階級」「共産主義」「社会主義」「思想」「法律」「自由」「観念」「科学」「化学」「哲学」「意識」「唯物論」「警察」「宗教」「空間」「美術」「理論」……など無数にあるのです。

18 なぜ紛争や戦争はなくならないのか？

なぜ、地球上から、紛争や戦争はなくならないのでしょうか。いくつかの原因らしきものは挙げられますが、答えは一つではなく、これも未解明の謎といってよいでしょう。

太平洋戦争を経験したかつての日本人は、「戦争だけはしてはいけない」「戦争だけはもうコリゴリだ」「平和が一番大事」という思いの深い人が多かったものです。しかし、敗戦から70年も経ち、周辺国のおかしな動向に危機感を募らせると、「憲法9条は改正しないといけない」「集団的自衛権を行使できるようにしなければならない」「日本を守るために敵基地攻撃能力の保持を防衛大綱に記さないとヤバイ」「平和ボケの日本人は目を覚ますべきだ」などといった勇ましい声も湧き上がってきているのが昨今の様相です。

原始の昔から、人間は部族間同士で争い続けてきました。食糧や肥沃な土地の奪い合い、相手からやられたらやり返す復讐――といった単純な図式でテリトリーを巡り戦ってきました。それでも、第2次世界大戦を経てからは、ヨーロッパでは争いの元をなくそうと、資源の共同管理の発想から、EUという巨大な平和と経済の枠組みまでが構築されてきたのですが、EUの中でも近年は意見の対立が目立ってきています。

地球上のいずこでも、紛争や戦争のタネは永遠に尽きないものなのでしょうか。

18世紀に「ローマ帝国衰亡史」を著した歴史家のエドワード・ギボンは、「人類が人類の恩恵者たちよりも、破壊者たちに対して相変わらず賞賛を惜しまない限り、戦争は結局、野心の最たる追求となろう」と述べています。米国の建国の父と謳われ、百ドル紙幣の肖像で著名なベンジャミン・フランクリンも、「よい戦争、わるい平和など、あったためしがない」と語っています。しかし、戦争は止まないのです。

戦争を引き起こすエゴや欲望にはいろいろあります。**「覇権による他国支配」「偏狭なナショナリズム」「民族や宗教によるアイデンティティの相違」「為政者の政治的ご都合主義」**などです。資本主義では「兵器産業の利権」が絡む側面もあり、そこに集団においての極端なヒステリー現象である「集団極性化」が大きく関わってくるのでしょう。

19 「平均への回帰」はなぜ起こるのか？

世の中には、ＩＱの高い人もいれば、低い人もいます。また、背の高い人も低い人もいます。さらにイケメンやブサメンもいます。ところで、ＩＱの高い両親から生まれた子は、ＩＱが高いのでしょうか。背の高い両親から生まれた子は、背が高いのでしょうか。美男美女の両親から生まれた子は、美男か美女なのでしょうか。

遺伝から導かれる統計学上の常識では、必ずしもそうはならず、「平均への回帰」が起こるため、ＩＱの高い夫婦から生まれる子は、平均的なＩＱの子が生まれる確率が高くなるとされます。背の高い夫婦の場合でも、平均的な身長の子が生まれる確率が高く、**美男美女の場合でも平均的な容姿の子が生まれる確率が高くなる**といいます。

これは、ＩＱの低い夫婦から生まれた子や、背の低い夫婦から生まれた子、ブサメンの夫婦から生まれた子の場合でも、平均的な子が生まれるのは同様のことといえます。

もちろん、ＩＱの高い両親から、さらに親より高いＩＱをもつ子が生まれることもあるわけですが、平均をとれば、遺伝的な傾向は平均値へと近づくのです。

これが、「平均への回帰」といわれる現象です。

しかし、なぜ「平均への回帰」が起きるのかは、未解明の謎なのです。

生物が生態の均衡をとるべく、ＤＮＡにそういうプログラムが組み込まれている——としか説明のしようがないのです。よい遺伝子と悪い遺伝子をランダムに配分すれば当然そうなるから——という話で片付けられているわけです。

ところで、美男美女というのは、基準は何なのか——というのをご存知でしょうか。

人間は視覚から得た「顔の情報」を脳で処理する際、最も平均値に近い顔を「美しい」「優秀」「有能」と判断するという説があります。**実際、コンピューターで人の顔を合成し平均に近づけると、美男美女の顔が出来上がる**ともいいます。美男美女であると、遺伝子すべてが優秀であると錯覚してしまう、心理学でおなじみの「ハロー効果」がはたらくゆえんなのです。老化で「顔」は劣化します。騙されないようにしたいものです。

20 「プラシーボ効果」はなぜ生じるのか？

「プラシーボ効果（プラセボ効果・偽薬効果）」というのがあります。

薬理的影響のないブドウ糖や乳糖を、「この薬を飲めば症状は改善しますよ」などと医師が告げて患者に飲ませると、患者が何らかの改善状況を示すことをいいます。

つまり、効かないはずのものによるプラス効果です。この反対で、何の効果もない偽薬であっても、その副作用など何らかの悪い症状を引き起こす場合を「ノーシーボ効果（ノセボ効果・反偽薬効果）」といいます。効かないはずのものによるマイナス効果です。「この薬を飲むと、副作用で吐き気がするかもしれません」などと医師に告げられて偽薬を飲んだら、本当に吐き気がしてくる――といった実験がよく知られています。

これらは、今まで単なる暗示作用と片付けられてきましたが、本格的な研究がなかったこともあり、**なぜこのような現象が生ずるのかは、現在でも未解明の謎**なのです。

近年になって、精神医学や神経医学の分野では、脳の病気に伴う知覚作用の研究や、脳が免疫システムに及ぼす影響など、科学的な研究が行われるようになっていますが、まだまだ謎の解明には到っていないのです。最新の研究では、「プラシーボ効果」が作用する部位は、本物の薬が作用する脳の部位と同じではないか――とする意見も出てきています。**また、本物の薬も、「プラシーボ効果」のおかげでより効果的に効いているケースも多い**といわれます。「プラシーボ効果」がよく効く症例には、痛みを伴う症状、心臓疾患、胃腸障害、高血圧症などが知られ、感覚的症状がある時により効果を発揮します。

古来から、呪術的な方法で病気を治す――といったケースで、こうしたプラシーボ効果を利用したものが多かったことは想像に難くないですが、現代でも得体の知れない民間療法が跡を絶ちません。本物そっくりの薬のパッケージを作り、インチキな偽薬でひと儲けする人たちも存在します。化粧品の中身の成分はどれも大した違いがありませんが、高価なものほど人気が出る――というのも、むべなるかな……でしょう。

ただし、思い込んだら、神秘の力を発揮するので、そのほうが幸せかもしれません。

未解明の不思議

21 「ツボ（経穴）」は本当に効き目があるのか？

鍼灸や指圧では「ツボ（経穴）」という身体の部位をことさら重視しています。

東洋医学や中医学（中国の伝統医学）の古典的考え方では、人体には「経絡《けいらく》」という生命力を流す道があり、この流れが何らかの形で妨げられると疾患につながる――とされます。ゆえに経絡上の「経穴《けいけつ》（ツボ）」を刺激することで、生命力の回復を図り、症状を好転させる――としているのです。

しかし、この「経絡」や「ツボ（経穴）」といったものは、本当に人体に存在し、疾患の治療に役立つものといえるのでしょうか。**実は、答えは未解明の謎**なのです。

「経絡」や「ツボ（経穴）」そのものは、人体を想像上でとらえた考え方にすぎず、フィクションそのものです。科学的な裏付けに乏しく、経験的実績を積み上げただけの代物だからです。もとより、現代医学の解剖学上の知見ともまったく相いれないのです。

ただし、日本ではそれなりに医療効果も認められ、「神経痛」「リウマチ」「腰痛」「五十肩」などの治療には健保も適用されています。ただし、なぜ効くのかは未解明です。実際の治療効果という蓄積だけに支えられてきたのが鍼灸の世界や指圧の世界なのです。

ところで、鍼灸の世界では、1949年に中国共産党が政権をとってから体系化した現代派とそれ以前からある古典派の手技手法も異なっており、日本の鍼灸とも異なります。このため、**WHO（世界保健機関）が乗り出して、1989年に「ツボ（経穴）」の存在を361穴と認定した**のでした。しかも、鍼灸治療におけるガイドラインまで策定しました。それによれば、神経系疾患、運動器系疾患、消化器系疾患に有効である──と認定しています。その後、近年では神経科学の発展とともに研究もすすみ、東洋医学と現代医学の融合が図られはじめます。「ツボ（経穴）」の有効性も見直され、海外でも「伝統中国医学（TCM）」として普及と研究がすすみます。

しかし、「ツボ（経穴）」への刺激が、本当に疾患への治療効果となっているのか、プラセボ効果以上のものが本当にあるのか──は、解明途上というよりないのです。

未解明の不思議

第2章

宇宙の不思議

22 ビッグバンの以前には何があったのか？

宇宙はビッグバンから始まったとされています。しかし、なぜいきなりビッグバンが起こったのでしょうか。その前にはいったい何があったのか——という疑問には、未だ答えが出せていません。ここでは未解明ながら、ビッグバンの前に何があったのか、理論物理学者や天文学者、宇宙研究者たちが考えるいくつかの仮説を紹介しておきます。

70年ほど前までは、宇宙はそこに永遠に存在し続けるもので、始まりも終わりもない——という考え方が支配的でした。それが**当時の科学者たちの常識**だったのです。

しかし、その後ビッグバン理論が提唱されます。宇宙は最初は何もなく、時間も空間も存在しない世界で、素粒子のプラスとマイナスが相殺し合って、結果的に「無」の状態にあっただけと考えられたのです。そこに、ある時非常に稀なことに均衡が崩れ、急速に膨張するビッグバンを起こしたという説が唱えられました。これを「インフレーション期」といい、宇宙は、シャンパンの泡一粒から、一瞬のうちに太陽系以上の大きさにまで光の速さを超えて拡張するエネルギーを爆発させた——と想像させたのです。

しかし、実は、ビッグバンの以前にも、宇宙は存在したという説が近年は有力です。「ビッグバウンス（大きな反発）」という考え方です。20世紀初め、アインシュタインの一般相対性理論によって、宇宙は膨張している可能性が示されました。その後、1929年米国の天文学者ハッブルが、多数の銀河を測定し、スペクトル分析した結果、銀河が銀河系からの距離に比例した速度で遠ざかっていることを突き止めます（ハッブルの法則）。宇宙が膨張していることを証明したのです。ここから、宇宙は膨張していき、さらに特異点となるビッグクランチ（物質の重力による引力）を経て再び収縮を始め、崩壊することでビッグバウンスを招き、またビッグバンを経て宇宙が膨張していくというサイクリック宇宙論です。この説によれば、宇宙は永遠に膨張と収縮を繰り返していることになります。**いずれにしても現在の物理学では、まだこの宇宙の始まりについて、その前が何なのかは未解明**です。今後の研究によって新たな理論が提示されるでしょう。

23 地球外生命体は存在するのか？

UFO（未確認飛行物体）の飛行が目撃された――などのトンデモ情報に接すると、未知なる生命体の存在を想像します。しかし、そもそも地球外生命体は存在するのでしょうか。今のところ、それは未解明の謎にすぎません。確たる証拠もないからです。

NASA（米国航空宇宙局）は、これまでさまざまな探査を続けてきた中、地球外生命体が存在する可能性はある――として肯定的です。宇宙には、生命が生存しそうな環境や条件が備わった惑星や衛星がたしかにあるからです。

太陽系の惑星では、火星に水があり、生命存在の可能性が疑われてきました。近年では、土星の衛星の一つである「エンケラドス」が太陽から遠く、マイナス200度以下の氷に覆われていますが、土星探査機カッシーニが、氷の地表から水が噴き出していることを観測し、何らかの熱源があり、氷の下の海には生命誕生に必要な元素が含まれると推測しています。木星の衛星「エウロパ」も、氷の地表ですが木星の巨大な重力で内部が熱せられ、地表から出る水蒸気のようなものがハッブル望遠鏡で観測されています。しかし、これらに生命体があった場合でも原始生命体レベルの存在でしょう。

地球外生命体でも、「地球外知的生命体」の存在となると、謎はさらに深まります。太陽系では、その可能性はほぼ否定的とされますが、太陽系以外なら考えられます。**現在、最も盛んなのは、宇宙空間を伝わってきた電波を解析し、地球外の知的生命体の存在を探る大規模な試み**です。また、地球から十数光年先の距離にある、特定の惑星に向けて電磁波を送る試みも行われていますが、今までのところコンタクトは未知です。

人類が、未だに地球外の知的生命体による文明と出会えないのは、「フェルミのパラドックス」として知られます。宇宙の年齢は長く、恒星の数も膨大で、知的文明も存在するはずなのに出会えない——ということへの矛盾を言い表す言葉となっているのです。

未解明の不思議

24 宇宙の大きさはどのぐらいあるのか?

ビッグバンで宇宙が生れたのが138億年前です。

そこから宇宙は、光速（秒速30万㎞なので1秒間に地球を7周半）で膨張し続けていますから、少なくとも138億光年以上の広がりをもつもの——とは推測できます。しかし、これまでのさまざまな観測で、実際はこれよりもはるかに大きいといわれていますが、**その大きさはまったくもって検証不可能で未解明**なのです。

ただし、観測可能な宇宙という考え方はあります。

光が1年間に進む距離は、1光年＝9兆4600億㎞です。

ここから導かれる観測可能な宇宙は、地球から半径464億光年の範囲といわれています。これが理論上の地球を中心とした観測可能な宇宙の範囲とされています。

そして地球は太陽系に属します。その太陽系は、天の川銀河に属します。

天の川銀河の直径は、約10万光年です。この天の川銀河の周辺にはさらに同じような銀河があり、これらを局部銀河群と呼び、さらにこれらが集まったものを超銀河団と呼びます。この超銀河団の直径は約5億光年で、私たちの地球は、ラニアケア超銀河団に属することがわかっています。

観測可能な464億光年に当てはめると、ラニアケア超銀河団を93個並べると464億光年分となり、**これが私たち人類が観測可能な範囲の宇宙**となります。途方もない話で、私たちの想像をはるかに超えた広がりや大きさなのです。

ところで、そうなると宇宙の果てはどうなっているのか——ということも不思議に思えてきます。そこに、宇宙には果てなどない——という理論物理学者や宇宙研究者たちがさまざまに唱える「多元宇宙論（マルチバース論）」という考え方も出てきます。

これらの説は、現状では検証不可能ですが、要するに私たちの宇宙はひとつではなく、他にもいくつも存在する——という考え方なのです。

このように宇宙のことは、とんでもなく未解明だらけということがわかるのです。

25 ブラックホールとはどのようなものか？

ブラックホールとは、直訳すると「黒い穴」となりますが、実は天体です。地球などの天体は球体ですが、ブラックホールは、宇宙空間に浮かぶ漆黒の闇なのです。光までも吸収してしまうので、通常の天体観測はできず、X線源などで特定しています。ある程度大きい天体は、重力と圧力のバランスが釣り合っているため、球体を保ちますが、ブラックホールは重力が非常に強力で、大質量、高密度なため、何もかも吸収し、光までも取り込んでしまうため、**真っ黒な状態で存在する**ことになります。ブラックホールは、1967年米国の物理学者ジョン・ホイーラーの命名によるものです。それ以前はコラプサーと呼ばれ、「壊れた星」を意味しました。

ブラックホールの誕生は、星の最後に関係しています。質量の大きな星が膨張すると、中心部が核融合を起こし、質量の大きい元素が次々作られ、熱を失い収縮する際に、重力の崩壊が起こり、物質が吹き飛ばされるのが「超新星爆発」ですが、太陽の30倍以上の質量をもつ星の場合は、重力のあまりの強さに「超新星爆発」ののちにも、核が収縮する「重力崩壊」が生じます。これが永久に続くことでブラックホールが形成されるといわれます。**ただし、ブラックホールには、複数の種類が判明しており、それぞれが誕生する条件の詳しいことは未解明**です。現在わかっているのは次の3種類です。

※**「恒星ブラックホール」**…巨大恒星の崩壊で誕生するが、大きさは太陽の数倍。
※**「超大質量ブラックホール」**…天の川銀河などの中心に存在し、太陽の数千倍。
※**「中間質量ブラックホール」**…2009年に発見されたもので前二者の中間的大きさ。

こうしたブラックホールに吸い込まれたらどうなるのでしょうか。実は、ブラックホールに吸い込まれたのちには、別の宇宙空間に存在するホワイトホールから吐き出されるという理論物理学の研究もあります。ホワイトホールもブラックホールも一つの天体とする学説です。アインシュタインの一般相対性理論から導き出された理論といいます。

26 地球に降り注ぐ「宇宙線」はどこから来るのか?

地球には、つねに危険な宇宙放射線が降り注いでいます。しかし、太陽の地場の影響や地球磁場および大気によって、宇宙線の影響力は緩和され、地球上の生物は守られ、数十億年もの間、生物は生存と進化を繰り返すことができています。

この宇宙線の正体とは何でしょうか。宇宙線は高エネルギー粒子です。宇宙線とは一種類の名称でとらえられるものではなく、陽子、中性子、電子、アルファ線、重粒子などの粒子線、X線やガンマ線といった電磁波などのことです。このうち9割は陽子が占めています。この宇宙線の存在は、1912年オーストリアの物理学者V・F・フェス博士の気球による観測で実証されます。宇宙線が地球に与える影響としては、**雲や落雷などの発生や地震・噴火など気象や天変地異、人間の心臓に不整脈を起こす**といった研究もあり、まだそのメカニズムは明らかになっていないのです。

そもそも、この高エネルギー粒子である宇宙線が、一体どこで生まれたかについても、未だに未解明です。地上の加速器実験では到底実現不可能な高エネルギー粒子が含まれ、銀河系の中心部で起こった超新星爆発や中性子星パルサーなどの激烈な発生元がなければ誕生しないと考えられたからです。しかし、こうした天体は宇宙に多く存在しないため、地球に降り注ぐ宇宙線の量と比較すると、とても理屈に合わないものでもありました。そのため、宇宙物理学における宇宙線の存在は、最大の謎ともいわれてきたのです。

しかし、近年の研究では、宇宙に数多く存在する白色矮星《わいせい》（核融合反応を続けた恒星が終焉《しゅうえん》した姿）が、宇宙線を発し続けているのではないかというアプローチも注目を浴びています。**これなら、地球に降り注ぐ宇宙線の量とも整合性がとれる**からです。

ところで、つねに降り注ぐ宇宙線の「ミューオン」という粒子は、1㎞以上もの岩盤の中を通り抜けられます（X線は1mが限界）。名古屋大学の国際研究グループは、このミューオン粒子の飛跡を、光学顕微鏡とコンピュータを組み合わせた装置の観測によって、2015年ピラミッド内部に長さ30m以上の巨大空間があることを発見しています。

27 太陽が地球や人類にもたらす影響とは？

太陽系唯一の恒星は、太陽です。恒星とは自ら光を発するガス体の天体のことです。太陽は、銀河系の中心から約2万8千光年離れており、オリオン腕に位置します。太陽の直径は、地球の109倍、質量は33万倍、体積は130万倍です。太陽は主に水素とヘリウムからなり、水素の核融合反応で膨大なエネルギーを発しています。

太陽が生まれたのは46億年前で、超大規模な恒星の超新星爆発で吹き飛ばされた残骸が集まり、自らの重力で密度を増し、やがて核融合反応を起こすようになって太陽になったと考えられています。そして太陽周辺に残された星間物質も集まって多くの惑星を生み出し、太陽系が形成されたのでした。太陽は、太陽系全体の質量の99％を占め、強力な重力を太陽系全体に及ぼしています。最新の研究での太陽の寿命は、あと77億年あるそうですが、明るさは徐々に増し、63億年後には水素が消失して、赤色巨星となり、現在の大きさの170倍に膨らみ、太陽に近い水星や金星は飲み込まれ、地球も灼熱の星となって生物も絶滅するそうです。その後大きな収縮と膨張を経て、白色矮星となって冷え、地球と変わらない規模の星になるものの、重力の衰えで地球との軌道も遠く離れ、地球は存在するようです。太陽より巨大な恒星の場合には超新星爆発やブラックホールを生みますが、**太陽の終焉は意外に静かに閉じられる**のです。

ところで、太陽についての未解明の謎は多々あります。太陽の表面温度が6千度なのに、なぜその外側のコロナが200万℃もあるのか。**また、太陽は気体の塊りですが、その中心核の状態は不明瞭**です。さらに太陽の活動周期は11年と観測されてきたものの、近年大きくずれている原因も不明です。地球の磁場を荒らし、電波障害を起こす要因や、太陽風とオーロラ発生のメカニズムも詳しくはわかっていないのです。太陽の黒点活動と景気循環については、19世紀後半のジェボンズの論文「商業恐慌と太陽黒点」が有名ですが、これが大きな経済変動と奇妙に一致することも未解明の謎です。ちなみに、2018年から19年は太陽に黒点がなく、活動が非常に停滞しているのです。

28 なぜ巨大隕石で恐竜が絶滅したのか？

なぜ恐竜が絶滅したのかは、6550万年前頃の巨大隕石の衝突によるものと、ほぼ推定されています。これは、1980年に米国の物理学者L・W・アルバレズ博士が、息子の地質学者ウォルター・アルバレズ博士とともに、白亜紀から三紀層にまたがる境界の粘土層（6550万年前頃の地層）にイリジウムが濃集することを発見し、巨大隕石による大量絶滅説を唱えたことに始まります。イリジウムは、地球の中心に沈んだ物質で、宇宙塵などの地球外起源物質です。地層から発見されたことから巨大隕石の衝突による大量絶滅説が定説化されてきたのでした。のちにこれを裏付けるように、メキシコのユカタン半島地下の堆積層には直径180㎞もの巨大クレーターがあることも確認されています。ユカタン半島の海に衝突したのは直径10～15㎞の小惑星だったと推定されますが、この巨大隕石の衝突で、地球上の75％にも及ぶ生物を消滅させた——というメカニズムの詳細には、今日でもまだまだ多くの謎が秘められているのです。

衝突によって巻き上げられた粉塵が、大気中に10数年にわたって漂い、日射を遮ったことにより植物は光合成ができなくなり、生態系が破壊されて生物が死滅した――という説は、粉塵の影響を過大に評価しているという否定的な意見があります。

巨大隕石の衝突により、地球内部のマグマ溜りが増大し、火山活動が活発となり、有毒ガスや溶岩によって生物が致命的打撃を受けた――という説も地域が限定されると否定的な議論があるのです。他にも、巨大隕石の衝突により発生した硫酸が海に溶け出し、海を酸性化させ、大気中に溢れた硫酸ガスによる酸性雨が生態系を狂わせた――。

巨大隕石の衝突により、地球の地磁気が一時的に消滅したため、大量の宇宙放射線や太陽風が地球に降り注ぐ結果となり、生物を死滅に追いやった――。巨大隕石の衝突により巻き上がった粉塵で地球寒冷化が起き、生態系が崩れた――などいろいろあります。

最近の研究では、ユカタン半島という石灰岩や石膏を豊富に含む堆積岩層に衝突したため、爆発で三酸化硫黄が大量に発生し、大量の酸性雨が海中のプランクトンを死滅させたことで、食物連鎖の根幹を破壊したことが原因――という新説も登場しています。

29 宇宙旅行にはどんな危険が付きまとうのか？

日本のアパレル・オンライン販売サイトの社長が、米国の宇宙ベンチャー企業であるスペースX社の２０２３年予定の「月の周回旅行」を予約したことが話題を呼びました。実現すれば民間人として初の快挙といえるでしょう。

しかし、通常の宇宙飛行士の場合、最短でも数年間の過酷な訓練を経て、ようやく宇宙へ向かうわけです。ロケット打ち上げ時の垂直Gや、大気圏再突入時の水平きりもみ状態などに耐える訓練、無重力状態での嘔吐に耐える訓練など、ふつうの人間なら経験することのない厳しい試練を乗り越えて宇宙飛行士になるのに、一般の人がどの程度の訓練で宇宙に向けて旅立つのでしょうか——そのへんは全く詳細が不明なのです。

ところで、宇宙ステーション滞在の最長記録は、ロシアの医師であり宇宙飛行士のワレリー・ポリャコフ氏の４３８日ですが、これは火星への有人宇宙飛行に備えた実験的意味合いも兼ねた宇宙滞在でした。通常火星までは、片道でも最短ルートで7～8カ月かかるからです。こうした実験やこれまでの宇宙経験から、さまざまなリスクが浮かび上がっています。**そして、宇宙旅行に伴う危険性については、多くの謎がある**のです。

ロケットで上空数千㎞を過ぎると、宇宙からの放射線が溜まるヴァン・アレン帯（地球磁場がとらえる陽子や電子の放射線領域）の影響を受け、宇宙放射線による物理的、精神的リスクが高まります。特に、HZEと呼ばれる高質量高荷電粒子を浴びると、発がんリスクを高め、記憶力の低下がもたらされます。そしてアルツハイマー発症の原因らしいベータアミロイドも蓄積します。さらに無重力空間では筋力が落ち、骨密度の減少も有名でしょう。地上の隔離施設での実験でも、**閉鎖空間に置かれた人間は、身体の活動量が大幅に低下する**ことが判明しています。睡眠が長時間になり、注意力も散漫となり、まるで引きこもり状態になったように気力も落ちてくるそうです。

こうした未解明のリスクが多すぎるので、たとえ短期間であっても宇宙旅行は簡単ではないわけです。人類の夢の実現には、大きなハードルが立ちはだかっています。

30 UFOの存在についてどう考えるべきか？

UFOは、Unidentified Flying Object の略で、未確認飛行物体と訳されます。空飛ぶ円盤と呼ぶ人もいます。たいていの人はUFOのことを、宇宙人が操縦する乗り物とイメージしますが、あくまでも未確認の飛行物体なので、直接宇宙人とは関係ないものも含まれます。つまり、**未解明の飛行物体なら何でもUFOと呼んで構わない**のです。

ただし、ここでは、宇宙人の乗り物らしいという前提で、その存在の未解明さについて迫ってみることにしましょう。そうでないと興味も湧かないかもしれないからです。

UFOの目撃についての歴史は古く、古代や中世にまで遡ります。ただし、絵画や文字の記録として残っている場合も、それが宇宙人に関わる事例とはされておらず、空中を飛ぶ不思議な物体という認識です。UFOが宇宙人と関わりの深い「空飛ぶ円盤」として、広く一般への認知が広まったのは、1947年6月24日に米国で起きた「ケネス・

アーノルド事件」が嚆矢《こうし》でしょう。実業家のアーノルドが自家用飛行機を操縦してワシントン州のレーニア山付近を高度2900mで飛行中、北から南に向けて飛ぶ9個の奇妙な物体を目撃したことで、それをマスコミが「空飛ぶ円盤」ではないかと大々的に報じたからでした。はじめはジェット機と思ったものの、平たい形状で尾翼もなく、エンジン音もないのに、速度を計測すると当時では考えられない時速1700マイル（2720km／マッハ1の速度が時速1200km）を出して移動していたというのでした。

以降、世界中で目撃情報が脚光を浴びてきますが、航空機や陸上照明の反射、天体や流れ星、鳥の編隊などの見間違い例も多いので、真偽のほどは未解明のままなのです。

ところで、**意外にもNASA（米国航空宇宙局）は、UFOについて肯定的評価**です。NASAのエイムズ研究センターのシルバーノ・P・コロンバーノ教授は「地球には、すでにETが飛来していて、我々がそれに気づかないだけなのかもしれない」と論文で発表し、その理由を「我々のような炭素系生物ではなく、想定をはるかに超えるような生体で、高度な知能やテクノロジーを有しているのかもしれないから」と述べています。

未解明の不思議

31 隕石が地球にぶつかる可能性をどう排除すべきか？

近年、地球に落下してきた隕石による自然災害で大きかったものには、１９０８年６月のロシア・クラスノヤルスク地方の「ツングースカ大爆発」と、２０１３年２月の同じくロシアのチェリャビンスク州の「チェリャビンスク隕石落下」の２つがあります。「ツングースカ大爆発」も「チェリャビンスク隕石落下」も、いずれも隕石が大きな被害をもたらしましたが、隕石が地表に衝突したのではなく、「ツングースカ大爆発」は数㎞上空、「チェリャビンスク隕石衝突」は数十㎞上空での大爆発によるものです。

前者は半径30～50㎞にわたる森林を炎上させ、２１５０㎢の樹木がなぎ倒されたといいます。爆発によるキノコ雲は数百㎞離れた地点からも目撃されています。幸いなことに人家がない場所ゆえに人的被害がなかったことが奇跡といわれています。爆発時の隕石は、推定で数ｍから数十ｍの大きさでしたが、地球大気に突入した角度の影響もあって、空中分解とともに広島型原爆の数百倍の爆発破壊力をもったといいます。

一方、後者の「チェリャビンスク隕石落下」による物的、人的被害は甚大なものになりました。爆発の衝撃波で多くの建物が損壊し、割れたガラスの破片で傷害を負った人や爆風で飛ばされた人など、1491人が怪我をし、数十名の重傷者も出しています。広島型原爆の30倍程度の破壊力ですんだのは、爆発の位置が高かったからでした。

地球には、日々隕石が落下しますが、小さいものは大気圏で燃え尽きます。しかし、NASAの研究者によれば、**もし地球に降れば危険な小天体は、現在すでに1万6千個も見つかっている**そうです。ただし、軌道計算で落下の確率は数十年、100年ぐらいは余裕があるそうです。NASAでは、衝突を回避する方策についても研究しています。

小惑星に人工物をぶつけて破壊したり、探査機を近づけて引力を利用して軌道を変えさせる、核エネルギー使う――などですが、いずれもまだまだ実用化は先のことです。つまるところ、**現在は有効な手立てが、全く未解明の謎という恐ろしい話**なのです。

32 土星の輪はどのようにして生まれたのか?

太陽系の惑星の中では、子供から大人まで、天体の周囲に「美しい環《わ》」をもつ構造の木星がユニークかつ珍しいので人気です。木星や天王星、海王星にも輪があるのですが、暗いため注目されません。土星は、1610年にガリレオ・ガリレイにより発見されましたが、当時の望遠鏡では土星の輪がよく見えず、ガリレオは、「土星には腕や耳がある」などと表現していました。土星の輪を平たんなリング状と見立てたのは、1655年のオランダの天文物理学者クリスチャン・ホイヘンスの自作の天体望遠鏡によってでした。

実は、ガリレオ以来400年以上も経ち、科学も飛躍的に進歩してきましたが、**未だに土星の輪がどのようにして形成されたのか――については未解明の謎**なのでした。

土星の輪は、一つの層に見えますが、9つの層から形成される――と従来は考えられていました。しかし、90年代末頃から2017年まで続けられた土星探査機カッシーノによる観測で、独立した輪が30以上もあることがわかります。そのうえ、この輪はそれぞれが全く異なるスピードで土星の周囲を回っていました。輪の成分は、氷の粒が95%で他は微細な岩石の集積です。この輪は、巨大ガス惑星である土星の赤道から6630km離れた位置から12万7700kmまで広がりますが、輪の厚さは数mから、せいぜい30mぐらいしかないのです。ゆえに角度が斜めの時にしか、輪は観測できません。

土星本体は、46億年前に生まれていますが、土星の輪が形成された時期については、これまで諸説ありました。19世紀頃には土星に付随していた衛星が粉々になって輪を形成した——とする説が唱えられ、その後は「後期重爆撃期（41億年前から38億年前頃に起きたとされる小惑星や隕石の衝突が頻繁に起きた時代）」に大規模な天体衝突で破壊されたチリが集まったもの——といった説が中心をなしました。ところが、NASAなどの最新の研究では、輪の形成は非常に新しく、その原因はわからないものの、せいぜい1億～数千万年前で、現在は輪の成分が土星本体に雨のように降り注いでおり、**あと1億年もすると輪がなくなる可能性がある**——としているのです。

33 引力はなぜ発生するのか？

17世紀にイギリスで生まれたアイザック・ニュートンが、リンゴが木から落ちるのを見て、地球には「万有引力」がはたらいていることを発見した――という逸話があります。「引力」とは、質量のある物体と物体が引っ張り合う力のことです。リンゴが落ちたのは地球に引っ張られたから――というわけですが、**実は今日の物理学において、この引力がなぜ物質に生じるのか――ということは未解明の謎**なのです。

ちなみに、「引力」に似た言葉に「重力」があります。引力は物質と物質が引き合う力で、地球だけに引力があるのではありません。地球は自転しているので「引力」とともに遠心力も加わります。引力と遠心力が合わさってはたらく力を「重力」と呼んでいるのです。ゆえに、「重力」＝「引力」－「遠心力」という関係です。そのため地球上の重力値は、地点によって異なります。測定地点の標高の違い、地球が球でなく回転楕円体であることによる影響、自転による遠心力が緯度によって異なること——などにより、赤道付近が最小になるとされます。つまり、**北極点で体重100kgの人は、赤道上で99・5kgになる**わけです。遠心力のほうが小さいので大した差にはなりません。

ところで、地球上では重力を感じますが、宇宙ステーションの中などでは、無重力（無重量）状態が生じます。高速で飛んでいるため、遠心力と重力が相殺されて無重力になるからです。地球から400km離れた宇宙ステーションそのものは、地球の89％の重力を受けていますが、高速飛行により遠心力が働くために中が無重力になるのです。

地球から38万km離れた月にはたらく地球の重力は0・02％に過ぎず、月の自転による遠心力と釣り合っているため、地球に引き寄せられてぶつかることがないのです。

地球上でもこの状態を現出できます。ボールを空に向かって投げ、ボールが放物線を描き頂点に達した時、瞬間的にですが遠心力と重力が相殺されるので、無重力状態が生まれます。バケツに水を入れてクルクル空中で回しても、水がこぼれないのは、重力よりも遠心力が強いからです。いずれにしろ、こうした引力の発生は謎に満ちています。

34 宇宙を構成する「暗黒物質&暗黒エネルギー」とは?

ニュートンの万有引力の法則で、太陽系のさまざまな惑星の質量や軌道の計算は概ね説明できていました。ところが、宇宙観測技術の向上にともない、近年は遠い銀河の観測も可能になってきます。すると、これまで考えられていた宇宙の質量と、実際の観測で得られた質量のデータが不整合——という奇妙な現象が明らかになってきます。

その結果、**これまで目に見えていた恒星や銀河は、観測可能な宇宙を構成する質量のたったの5%を占めるに過ぎないことがわかった**のでした。

つまり、宇宙を構成する残りの95%のうち、見えない物質(ダークマター=暗黒物質)が27%、ダークエネルギーが68%で成り立っている——という仮説が決定的になってきたのです。もちろん、これらが一体何であるのか——という正体は、世界中の研究者が突き止めようとしていますが、未解明の謎なのです。

そもそも、ダークマターの存在を最初に指摘したのは、1930年代のスイス国籍の天文学者フリッツ・ツビッキーでした。ツビッキーは、地球から3億2100万光年離れた「かみのけ座銀河団」に属する銀河の、銀河団中心を周回する速度を計測した結果、目に見える天体の質量を全部合計しても、銀河団が存続するのには不足することを突き止めたのでした。この結果から「宇宙には目に見える物質よりもずっと高い密度でダークマターが存在する」と主張しました。その後続々と他の研究者たちも追随します。

そして1998年、米国の天文学者マイケル・ターナーが宇宙の膨張は加速している——と発表します。**しかし、なぜ加速しているのか——は謎**なのでした。ターナーはこの時、この加速を「ダーク・エネルギー」と名付けましたが、未だ正体は不明なのです。

今日、科学者たちの間では、ダークマターの構成物質については、「ニュートラリーノ」「アキシオン」「ミラーマター」などといった未知の素粒子などの候補を挙げて研究が続いていますが、これらの粒子も、まだまだ未解明の謎となっているのです。

35 地球の水はどこから来たのか？

地球は「水の惑星」ともいわれます。太陽に近い水星や金星では、水は太陽の熱で高温の蒸気となって天体に留まることが出来ません。地球より外側にある火星や木星などでは水は氷結しています。液体の状態で水が存在するのは、太陽と地球との距離や地球の質量が大きく影響しています。ちなみに月に水がないのは、地球重力の6分の1しかないため、水分子を引力圏内に留めておけず、宇宙空間に放出してしまうからです。

つまり、**地球に水が存在するのは「奇跡」のような偶然の結果**だったのです。

この地球上の水（海）は、地球重量のわずか0・02％を占めるだけです。

地球の水は、いったいどこからもたらされたものなのでしょうか。これには、いくつかの説がありますが決定打はなく、まだ未解明の謎といえるのです。

有力な仮説は、次の3つになります。

①地球が誕生したのは46億年前。原始地球には水を含んだ隕石が大量にぶつかり、地球内部に水分を大量に含有し、それが火山活動で水蒸気として大気に噴出され、やがて地球が冷えるとともに降水で海を形作っていった——という説。

②地球にこれまで衝突してきた水を含んだ彗星が、衝突の度に地球に大量の水をもたらして海を作り、現在も水を含んだ隕石が地上に降り注いでいる——という説。

③①と②の両方の作用で、地球の海が形成された——という説。

①の場合、面白いと考えられるのは、地球内部には海水以上の大量の水があるのでは——と推測できることです。２０１４年、東京工業大学の地球生命研究所は、地球内部の深さ５２０～６６０㎞のマントル層の主要鉱物の中に、１重量％以上の水が含まれていたことを突き止めています。**マントルには海の数倍から数十倍に相当する水があるかもしれない**——という新発見だったのです。地球内部に海水量以上の大量の水が存在するとしたら驚きなのです。地球の水の不思議が解明されるのは、まだこれからです。

未解明の不思議

第3章

生物の不思議

36 なぜ渡り鳥は迷わずに目的地に向かえるのか？

渡り鳥は、途中でほとんど休むこともなく、何日間もかけて数百㎞、数千㎞におよぶ飛行ができます。**なぜ、長距離を飛び続けられるのか、なぜ迷わずに目的地まで飛ぶことができるのか――は謎**なのです。ただし、長距離を飛び続けられるエネルギー源は、「脂肪」とされます。渡り鳥は、「渡り」の時期が近付くと、沢山エサを摂り、体重を2～3割増加させています。中には、ムナグロやコメクイドリのように、2倍近く増加させる渡り鳥もいます。脂肪は肝臓でグリコーゲンに変わることで、これが主要エネルギー源となるわけです。また、飛行中は群れでV字編隊を組み、斜め前の鳥が起こす「翼端渦」の気流に乗ることで、単独飛行より楽に飛べるといいます。

では、なぜ、迷わず目的地に着けるのか――といえば、こちらは未解明の謎なのです。

有力な仮説には、**太陽や星の位置を記憶しているとする「天体コンパス説」や、群れ**

で飛行しながら、時間の経過と地形を関連付けて覚える「体内時計と地形の記憶説」などがあります。つまり、親鳥や仲間と群れを組み飛ぶことで習得した——というのです。

ちなみに、鳥は「鳥目」なのに夜間飛べるのかと疑問かもしれませんが、「鳥目」なのはニワトリなどごく一部の鳥で、多くの鳥は人間より視力が利き、色彩も強く感じています。なお、他に「地磁気利用説」もあり、これは超能力的でますます謎めくのです。

最後に、日本周辺の渡り鳥をざっと押えておきましょう。鳥類の15%とされる渡り鳥には3種があります。「夏鳥」と呼ばれる、南方（東南アジアなど）から日本に飛来して卵を生み育て、冬は越冬のため南方に戻る鳥（ツバメ、オオルリ、サシバなど）です。

そして「冬鳥」が、夏にシベリアで卵を産み育て、越冬のため冬に日本に飛来する鳥（カモ、ガン、ハクチョウ、オオワシなど）です。また、「旅鳥」は、シベリアで卵を産み育て、越冬のため秋になると日本を飛び越えてオーストラリアに渡り、春になると再びシベリアに戻る鳥（シギ、チドリ類など）です。なお、「渡り」は大仕事で、群れのうち8割程度しか目的を果たせず、2割ぐらいは途中で迷ったり、力尽きて死ぬそうです。

37 なぜ渡り鳥は眠らずに飛び続けられるのか？

前項で紹介した「渡り鳥」の飛行についての謎は、まだあります。

なぜ、何日間も眠らずに飛び続けることができるのか――という謎なのです。

これまで、渡り鳥は「半球睡眠」をとっているのだろう――と推定されてきました。「半球睡眠」とは、大脳の半分を眠らせ、残り半分を覚醒させることで交互に脳を休ませるという睡眠法になります。つまり、人間のように熟睡して脳全体を休ませることはない――というものです。これは、イルカやクジラといった海に棲む哺乳類が、水面に顔を出して呼吸する必要があるため、片目を閉じて脳の半分を休ませ、交互に脳を使っている――という睡眠法と同じ要領のように考えられてきたのでした。

ところが、２０１６年にドイツのマックスプランク研究所が、驚くべき研究結果を発表し、世界の鳥類研究者たちを驚かせました。**なんと渡り鳥は、脳全体を休ませて熟睡状態で飛んでいる場合もある――**ことを突き止めたからです。

検証に使われたのはガラパゴス諸島に生息するグンカンドリでした。熱帯の海洋に棲むグンカンドリは、飛翔能力に優れ、2カ月以上も飛び続けられることで知られています。このグンカンドリの頭部に極小の脳波を測る機器を取り付けて、無線で脳波を受信したところ、休むことなく3千㎞もの長距離を飛び続けたのでした。

その結果、グンカンドリは、日中は覚醒状態で飛び続けるものの、日没後には、熟睡状態を表す「徐波睡眠」が時々現れるようになり、長い時には数分間も続いたのでした。

なんと、鳥は飛行中に半球睡眠を交互にとっていただけではなく、脳全体を休ませる熟睡状態にも入ることがわかったのでした。しかし、熟睡状態でなぜ飛行を続けられるのかは謎なのです。熟睡中に全自動飛行を行う時には、滑空状態にあるのではないか――という仮説もありますが、脳と体の機能が、どうはたらくか――は未解明なのです。

未解明の不思議

38 なぜ犬はオオカミから進化して人間に従順になったのか？

犬の祖先はオオカミです。

数十万年前の旧石器時代の人類の遺跡からは、オオカミの骨が沢山見つかっています。

このことから、旧石器時代の昔から、人類はオオカミを飼育していたことが推定できるのですが、約3万年前から1万年前頃の人類の住居跡などからは、すでにオオカミではなく、犬の骨が多数見つかっています。**しかし、この間に犬はオオカミから、どのような経路を辿って進化してきたのか――については、実は遺伝学的にも解剖学的にも未だよくわかっていない謎**なのです。

推定されるのは、人間に従順なオオカミを飼育して、交配させていったことで、人間に懐くオオカミが増え、それが犬に進化したのではないか――ということです。

しかし、そもそもオオカミと犬では、食べ物が基本的に違います。オオカミは肉食、犬は人間同様に雑食だからです。こうしたDNAの進化過程もわからないのです。人間の残飯を漁るには、人間と同じような消化器系を獲得しなければならなかったはずで、でんぷん消化能力がなければならない――という研究になるからです。

このへんにも、**オオカミから犬に進化を遂げた謎がたしかにある**わけです。

本来、オオカミは人間に対して攻撃的で危険な存在だったはずですが、人間との接点は意外にも多かっただろうと考えられています。それは集団生活をする人間の生活圏の近くにいれば、食糧にありつきやすかったことが大きな原因でしょう。

狩猟の時、人間が獲物を追いつめるのに、人より速く走れて敏捷性のある犬は、人間のよき相棒となりましたし、牛や羊などの家畜の管理にも、牧羊犬などとして人間の役に立っています。人間の傍にいて、人間の言うことに従っていれば、食糧にありつけるという関係性が次第に数千年～数万年の時を経て、オオカミから犬へと進化させたのかもしれません。いずれにしろ、現代の家畜化された犬は、学名上「イエイヌ」と分類されますが、オオカミからの進化については、まだまだ多くの謎に包まれているのです。

39 なぜ「心臓」という臓器の細胞は「がん化」しないのか？

「心臓がん」という言葉を聞いたことがあるでしょうか、きっとないはずです。**実は、心臓にはほとんど悪性腫瘍ができない――というのが未解明の謎**だからなのです。

一般に「がん」というと、大腸がん、皮膚がん、すい臓がん…など臓器の名を付けて呼ばれる上皮性悪性腫瘍（癌腫）と、血管、筋肉、骨などの非上皮性組織に発生する肉腫に分かれます。「心臓がん」がないというのは、正確にいうと、心臓という臓器には上皮性悪性腫瘍ができない――ということなのです。

ただし、粘液腫などの良性腫瘍は稀に見られるそうです。

なぜなのでしょうか。今のところ、さまざまな仮説が取り沙汰されているものの、その真相は未解明なのです。この謎が解明されれば、他の臓器にできる悪性腫瘍の治療にも役立つかもしれないため、さまざまな研究がすすめられているのでした。

心臓という臓器は、横紋筋という特殊な筋肉から成り立っています。

この横紋筋は未分化の細胞がなく、高度に分化した細胞であるため、細胞分裂を行わないといいます。つまり、生まれた時から心臓は細胞分裂せず、基本的には増殖や修復を行わないという珍しい臓器なのでした。**肝細胞や腎細胞、皮膚細胞は分裂を繰り返して増殖し修復するのに、心臓だけは、誕生時から「そのまんま」**という臓器なわけです。

ゆえに、細胞の異常増殖である悪性腫瘍ができない——という説が生まれています。

また、がん細胞は高温に弱く、39℃で増殖が止まり、42℃でほぼ死滅します。

そのため、心臓内の血液が最も高温になることから、がんができないのでは——ともいわれます。あるいは、心臓内は血流が早すぎて、がんが取りつく島がない——ともいわれます（がん細胞は血流やリンパ流に乗って転移する）。

なお、近年有力な説には、心臓から「がん抑制ホルモン」が出ている——というのもあります。心臓が、特別な機能のホルモンを分泌することがわかってきたからでした。

40 なぜ「肝臓」の細胞だけが再生するのか?

人間の臓器の中で、唯一「肝臓」だけが再生する——ことをご存知だったでしょうか。**他の臓器と違って、肝臓は3分の1を切り取ってしまっても、1~2カ月で元の大きさまで再生する**ことが知られている、驚きの再生能力をもった臓器だったのです。

ゆえに、ドナー（提供者）の肝臓の一部分だけを切除して、レシピエント（移植を受ける人）に移植する——といった生体肝移植の手術も可能となっています。切除されたドナーの肝臓も1~2カ月で元の大きさと機能に戻るからです。

しかし、なぜ肝臓だけが、こんな不思議な能力をもっているのかは未解明なのです。

2012年、東京大学分子細胞生物学研究所は、従来考えられていた肝細胞再生のメカニズム（＝通常の肝細胞の分裂によって起きる）について、細胞分裂よりむしろ肝臓の細胞の肥大化が重要という事実を突き止めますが、依然としてメカニズムは謎のままなのです。肝臓の代表的なはたらきは、主に次のような3つに分けられます。

※肝臓は、胃や腸で分解・吸収された食物の栄養素を利用しやすい物質に変えて貯蔵し、必要に応じて分解し、全身のエネルギーを作り出す「代謝」のはたらきをしています。

※肝臓は、摂取したアルコールや薬物といった有害物質を解毒するはたらきがあり、有害物質の毒性を抑え、尿や胆汁中に排出していきます。

※肝臓は、胆汁をつねに生成・分泌しています。胆汁は脂肪を乳化し、たんぱく質を分解しやすくするはたらきがあります。このおかげで腸による脂肪の吸収が容易になり、コレステロールの排出がスムーズにいくわけです。

肝臓は、非常にタフな臓器ゆえに少々のダメージでも痛みも発せず、黙々とはたらき続けるゆえに**「沈黙の臓器」**ともいわれます。しかし、肝炎を起こすと驚異の再生能力も発揮できなくなります。休肝日を設け、肝臓の労をねぎらってあげることが大事です。

未解明の不思議

41 なぜ「氷点下」の体温で生きられる動物が存在するのか？

日本人の体温の平熱は36・89℃ですが、個人差があっても、ほぼプラスマイナス0・34℃の範囲内に収まるそうです。欧米人はやや高く平熱で37℃ぐらいだそうです。体温は運動すれば、1℃ぐらいすぐ上がり、また高齢になると低い体温になるそうです。**人間は体温が42℃近くなったり、30℃未満になると耐えきれず意識に障害が出てしまうそう**です。では、体温ではなく外気温ならどれぐらいまで耐えられるのでしょうか。

外気温の最高が44～45℃、最低がマイナス50℃ぐらいのようです。

外気温が40℃を超えると血液が熱くなって、体温が40℃を超えると、さすがに熱に弱い脳もダメージを受け始めるようになり、裸でも数十分が限界だそうです。また、マイナス50℃ぐらいなら、防寒すれば何とか数時間は持ち堪《こた》えられるそうです。

ところで、寒い冬を乗り越えるために、冬眠する動物がいることが知られています。

恒温動物の一部（5％程度）と鳥類の1種（プアーウィルヨタカ）が、食糧の乏しくなる冬場に冬眠します。コウモリやリス、ネズミの仲間といった小動物から、ヒグマ、ツキノワグマなどの大型動物です。冬眠中は、いずれの動物も体温が下がり、呼吸や心拍数も減り、代謝が極端に抑制されます。

もちろん、体温が下がるといっても、一定の体温以下にまでは下がりません。

しかし、北極に近い地域に生息する体長39㎝程度のリス科のホッキョクジリスは、1年のうち8カ月間も深さ60㎝の巣穴にこもって冬眠することが知られています。**しかも、このリスは、体温がマイナス3℃になっても冬眠が続けられる**――というのですから驚かされます。ふつうなら、血液中の水分が凍ってしまい、生存できなくなるはずが、この状態でも冬眠を続けられるのです。血液が「過冷却」の現象を起こしていると推定されますが、水をゆっくり冷やし、凝固点を過ぎても凍らない「過冷却」という現象は、本来不安定でわずかな振動でも凍るはずが、そうはならないのです。

何らかのホルモン伝達物質も関係しているようですが、その仕組みは未解明なのです。

42 地球最強の耐久力をもつ生物は「クマムシ」だった？

クマムシをご存知でしょうか。

体長わずか1㎜程度の、主に水生で暮らす無脊椎動物です。

左右4対で8脚があり、形がクマに似ており、ゆっくり歩くので「緩歩《かんぽ》動物」門に属します。もちろん名前はクマムシでも、昆虫ではありません。このクマムシが、近年なぜ注目を浴びているかといえば、その驚異的な耐久能力においてなのです。


クマムシは小さいので簡単に潰せ、すぐに死にます。物理的な力には脆弱なのです。生命力もせいぜい3カ月~1年です。では、この動物の何が一体スゴイのでしょうか。

クマムシは、体重の85%が水分で、苔などが生い茂った湿地に生存しています。しかし、周囲の環境がゆっくり乾燥し始めると、不思議な生態を見せるのです。体の水分量が徐々に抜けていき、最後は3%以下にまで干からびてしまいます。

これで死んだのかと思いきや、実はこれでも生きている状態で、「乾眠《かんみん》」という状態に入ったのでした。そして、ここからの能力がすさまじくたくましいのです。

※乾燥に強い…「乾眠」状態に入ると、呼吸や消化吸収など一切の代謝を停止した状態になるが、水分が加えられると復活して動き出す（数年でも可能）。
※高温・低温に強い…「乾眠」状態なら、151℃の高温から絶対零度まで耐えられる。
※真空・高圧に強い…「乾眠」状態なら、真空から7・5GPaの高気圧に耐えられる。
※放射線に強い…「乾眠」状態なら、放射線（X線・紫外線・ガンマ線）に耐えられる。

このように、数々の実験でその能力を見せつけてくれたのです。しかし、「乾眠」状態がどのような仕組みでもたらされるのか、ゲノム解析の結果では外来のDNAを17・5%も含んでいることがわかっていますが、なぜそんなことが可能だったのか――まだ未解明の謎に包まれています。**こうした謎が解き明かされれば、未来の宇宙飛行における人類の可能性も大きく広がるのかもしれない**わけです。

43 なぜ南極や北極の魚は氷点下の海でも凍らないのか？

南極や北極に棲む魚は、なぜ凍らないのでしょうか。南極や北極は、氷の海なのでマイナス2℃ぐらいの温度になります。真水は0℃で凍りますが、海水は塩分を含むので、マイナス1・8℃で凍り始めます。ただし、温帯に棲むふつうの魚でも、体液に塩分を含んでいるため、マイナス0・7℃までは凍らずにいられます。

しかし、南極や北極の海は、マイナス2℃ぐらいですから、地球上のほとんどの魚は体の中の水分が凍ってしまい、細胞が破壊されて生息するのは困難になるわけです。

なぜ、南極や北極に棲む魚だけが凍らないのか――といえば、彼らの体内には「不凍糖タンパク質」があるため、体内水分が氷になるのを防いでくれる――とされてきました。**しかし、このメカニズムそのものが、まだまだ未解明だった**のです。

水が氷になる時は、氷の結晶がくっつきあって体積を大きくしていき、そのため細胞が破壊されます。それゆえ、「不凍糖タンパク質」は、水が凍って結晶になろうとする際に結晶と水との境に取り付くことで、結晶同士がくっついて大きくならないように抑止している——とこれまでは考えられてきたのです。

ところが、2013年から北海道大学低温科学研究所の研究チームが、国際宇宙ステーションにある日本実験棟「きぼう」で、「不凍糖タンパク質」がどのように氷の結晶を抑制するかを、対流が発生しない無重力環境で精密に調べたところ、むしろ「不凍糖タンパク質」は、氷結晶の成長を促進させる——という予想外の結果を得たのでした。ただし、これはあくまで外形上の効果で、成長の速い面は成長を続けた結果消失し、最も遅い面によって囲まれ、氷結晶全体の成長が止まる仕組みは結果的には同じことでした。

北極や南極に棲む魚が、「不凍糖タンパク質」を身に着けたのは数百万年前の氷河期の頃と推定されますが、未だにその生物学的解明はできていません。**この解明がすすめば、生体の凍結防止や、氷の再結晶化防止による生命維持の道も開けるはず**なのです。

44 なぜ動物はオスよりメスのほうが長生きするのか？

多くの動物では、生殖のためにオスとメスの存在があります。そして、ほとんどの場合、オスよりメスのほうが長命です。しかし、それはなぜなのか――は未解明です。これについては昔から諸説ありますが、その原因についての決定打はないからです。

昔からもっともらしく伝えられてきた理由の一つには、メスは子供を宿し出産しなければならないために、健康で丈夫な体をもって生まれたから――というのがあります。自然界でも、とりわけ卵を産む鳥や魚の個体は、メスのほうが大きいのです。

しかし、哺乳類では、メスよりオスのほうが体も大きくなっています。これは、メスを巡ってオス同士で争う時に、オスの個体が大きいほうが有利だからといわれます。オスはこうした競争のストレスにさらされるからこそ短命という説もあり、さらに人間の場合は飲酒や喫煙習慣などが男性の寿命を短くするのでは——という説もあります。

オスよりメスが丈夫というのは、人間の場合でも男のほうが乳児死亡率が高く、そのせいで**出生時比率は「男13対女10」**と男のほうが多く生まれても釣り合っています。

男は、胎児期に母体の中で大きくなり、母体への負担が重く流産する確率が高いともいいます。また、男の子の出生時は肺の機能も女の子より未熟で、成長も遅いことが知られます。人間の寿命も、女性のほうが男性より長命です。２０１７年の平均寿命は男81歳、女87歳で約6歳もの差があります。犬や猫でもメスがオスより長命なのです。

そもそも、**人間の基本は「女」だったから——という遺伝学上の仮説**もあります。

人間の染色体は46個ですが、性別を決めるのは最後の2つで、性染色体が「XX」なら女性で、「XY」なら男性です。X染色体は、情報量も多く生命維持活動に関係が深いといわれます。Y染色体をもつことで、ホルモンの分泌を経て体の機能も男性になるのです。X染色体が一つしかないため、男性は短命になる——という説もあります。

45 なぜ脊椎動物は「あくび」をするのか？

「あくび」はどんな時に出るのでしょうか。眠い時、疲れた時、退屈な時、緊張した時、眠りから覚めた時……いろいろありますが、「あくび」をするのは、人間だけではありません。**他の哺乳類や鳥類、爬虫類も「あくび」をします。**

さらに脊椎動物のほとんどが「あくび」をするそうなので驚かされます。なんと魚類や両生類も「あくび」をするというのです。ただし、呼吸を伴なう「あくび」をするのは哺乳類や鳥類、爬虫類だけだそうです。魚類や両生類は、口をパクッとあけるものの、ストレッチのようなもので、「あくび」の範疇《はんちゅう》に入らないという研究者もいます。

面白いことに、哺乳類の場合、「あくび」と伸びの動作も連動していることが多いものです。「あくび」をすることですっきりし、ささやかな快感すら感じるでしょう。

人間社会では、人前で「あくび」をするのは無礼——という社会通念まであります。

私たちは、「あくび」を何気なくしますが、実はこの行動は未解明の謎なのです。

かつては、酸素を多く取り込むために行っているのではないか——という説もありましたが、現在では否定されています。大して酸素を取り込んでいないからでした。

また、「あくび」をすると、隣の人にも無意識に伝染し、「あくび」を誘発することさえありますが、これも謎なのです。

「あくび」の伝染は同種間だけにとどまりません。飼い犬の前で主人が「あくび」をすると、犬も釣られて「もらいあくび」をするなど、これまた不可解な現象なのです。

「あくび」をする原因がわからなくても、どうでもよいように思えますが、真面目に研究している学者も大勢いるのです。それは、脳の機能や生体機能に関わる謎だからです。

「あくび」は、体温調節作用や、脳の温度調節作用という説は従来からありました。

しかし、**最新の研究では、脳の神経伝達物質の作用で起こるとする説**もあります。

これは抗うつ剤で気分をほぐすと異常に「あくび」の回数が増えたことに起因します。

46 なぜサケは生まれた川に戻ってくることができるのか?

サケやマスは川で生まれ、やがて海に出て育ち、産卵のために再び自分の生まれた川に戻ります。これを「母川回帰」といい、こうした行動をする魚類を「通し回遊魚」と呼びます。「通し回遊魚」は30科160種ほどしかありません。

魚類全体2万2千種中に占める割合は、わずか1%弱程度ということになります。

ところで、なぜサケやマスは、自分の生まれた川がわかるのか——というのは、長い間謎でしたが、**自分の生まれた川の近くまで来ると、河口の「匂い」で識別しているらしいことがほぼ判明**しています。河口の匂いとは、川に固有のアミノ酸の匂いと推定されます。これは、鼻詰めされたサケが戻れなくなる——といった各種の実験によってほぼ解明されています。ただし、この嗅覚をいつの時点で記憶するのかは諸説分かれており、卵の状態・稚魚の状態で、別の川に移し替えるなどの研究もあります。

しかし、サケやマスは、北海道の川から海に出ると、ベーリング海やアラスカ沖までの1万km以上もの大回遊を行います。ほぼ4年後に、自分が生まれた川に戻ってくるわけですが、大海においては自分の生まれた川の匂いなどわかる手立てはないはずです。それなのにどうして、**自分が戻るべき川の方向がわかるのか――というのは、まだ未解明の謎**なのです。嗅覚だけでなく、他の方法も併用しなければ、到底自分の生まれた川には戻れなくなってしまうからです。そのため、昔から諸説が唱えられてきました。

※**「天体コンパス説」**……渡り鳥のように太陽や星の位置を識別しているという説。
※**「地磁気利用説」**……渡り鳥のように「地磁気」を識別する能力があるという説。
※**「海流説」**……海流を体感することで自分の位置情報をつかんでいるという説。
※**「座標説」**……自分が回遊していくルートをすべて座標として記憶しているという説。

いろいろありますが、人間には及びもつかない能力で生まれた川に戻ってきています。

47 なぜサケは産卵でわざわざ生まれた川に戻るのか?

前項では、なぜサケやマスが、自分の生まれた川に戻れるのか――という謎について紹介しましたが、なぜサケやマスは産卵のためとはいえ、わざわざ自分の生まれた川だけを目指して戻ろうとするのでしょうか。**淡水の川なら、どこの川でも同じようなもののはずなのに、なぜか自分の生まれた川だけを選別し、苦労して遡上する**のです。

サケが自分の生まれた川から降海するのは、川よりも海のほうが甲殻類などのエサが豊富だからということは判明しています。しかし、自分の生まれた川にだけ、なぜ固執するのかは、海で産卵するリスクより、自分の生まれた川が一番安全と刷り込まれているから――という曖昧な推測しかなく、これについては検証不能で未解明なのです。

ところで、サケやマスの仲間には、一生を淡水の川で過ごす種類もいます。

それだけでなく、本来は「陸封型（河川残留型）」なのに、環境に応じて海に出ていく

「降海型」になる場合さえあります。河川に残留していればヤマメで、降海すればサクラマス、陸封ならヒメマス、降海すればベニザケといった具合で名称も変わるのです。どんな条件によって海に出るかを判断するのか――これまた未解明の謎なのです。

さて、「通し回遊魚」のサケやマスは、秋口から冬に母川を遡上し、上流の川底で20㎝ほどの穴を掘り産卵したのち息絶えます。2カ月ほどで孵化し、さらに2カ月ほどを川底で過ごし、春めいた頃に浮上して水中のユスリカなどの幼虫を食べて成長し、生まれて半年ほどで川を下り降海します。海では北上し、カムチャッカ半島沖へ向かい、オキアミなどの動物性プランクトンなどを食べて成長します（サケの身やイクラが赤いのは甲殻類のカロチノイド色素の蓄積から）。春から秋には、ベーリング海で過ごし、冬になるとアラスカ湾などで越冬する生活を2〜3年続けます。その後、ほぼ4年目に故郷の川へ向かいますが、2〜8年目に向かう個体もいます。**サケの母川回帰率は9割以上ですが、カラフトマスは約半分というのも不思議**です。母川にこだわって回帰する謎や、母川から降海しない条件、サケとマスの回帰率の違い――などなど謎だらけの魚なのです。

48 なぜ動物には「常在菌」が存在しているのか？

人や動物には固有の常在菌がおり、皮膚や上気道、口腔、喉頭、胃、腸管、膣、尿道などの部位ごとに特徴的な常在細菌がすみつき、常在細菌叢を形成しています。

つまり、宿主と共生している関係にあります。そして人には、人特有の常在菌があり、個々の動物にはそれぞれ固有の常在菌があります。動物特有の菌種が人の個体から見つかることは滅多にありません。これは、人や動物と微生物との進化と適応の長い歴史から育まれてきたものと推定されるからです。しかも常在菌は、乳児期には乳児期特有の、幼児から成人期にも特有の常在菌が存在し、すみ分けているのですから不思議なのです。

こうした常在菌だけでなく、常在菌に取り付くウィルスなどの微生物も一緒に活動しており、その数は数百兆個、人の場合は重さにして1～2kgもあるといいます。

人は母親の胎内にいる時は、ほぼ無菌の状態で過ごし、出生後初めての便には、細菌はいないものの、数時間もしないうちに腸内に細菌が定着するといいます。

これらの細菌は数も多いため、**個々のはたらきについて、詳しいことは謎だらけ**です。

しかし、こうした細菌が体内で作り出す生態を「マイクロバイオーム」と呼びますが、近年明らかになってきたのは、マイクロバイオームは人体が作り出せない有益な物質を作り出したり、過剰な免疫反応を抑制してくれるといったはたらきがあることでした。

善玉腸内細菌といわれる「ビフィズス菌」などは、すっかりおなじみでしょう。

しかも、最近では、遺伝子解析技術の進歩のおかげで、マイクロバイオームの細菌全体のゲノムをひとまとめにして調べられるようになり、新たな発見も相次いでいます。

たとえば、**マウスの実験で、肥満を抑制する遺伝子を攻撃する細菌叢を健全なマウスに移植すると、健全なマウスが肥満する**こともわかっています。細菌叢の乱れが、人や動物の健康を左右するだけでなく、思考や気分にまで影響するという研究もあり、常在菌の存在は謎を深めるとともに、新たな期待をもたらす可能性にも満ちているのです。

49 なぜ竹や笹の「花」が咲くのは数十年に一度なのか？

竹や笹に花が咲いているのを見たことがある人は、ほとんどいないでしょう。

しかし、竹や笹も花を咲かせます。しかもそれは、数十年に一度だけなのです。

そのうえもっと稀ですが、竹が実をつけることもあります（笹には実をつける種も少なくない）。


なぜでしょうか。もちろん未解明の謎なのです。

竹はものすごいスピードで成長し（ピーク時は一日で1m以上）、中身がなぜ空洞なのか——という理由もわかっていません。そもそも竹や笹の寿命が、相当に長いことから、あまり長期の観察ができていない——という事情もあるようです。


竹や笹は、単子葉類イネ科の植物です。種類も多く数百種あります。樹木（木本科）と異なり、茎が肥大成長せずに（茎の内部が成長し固い木部を形成）、茎の中が空洞で年輪も形成しないことから、分類学上では木（木本科）なのか草（草本科）なのかといった議論もあるほどなのです。一応、木本科に属するとされています。

マダケやハチクのように成長後に茎から稈鞘《かんしょう》（皮）が脱落するものを竹といい、クマザサ、チマキザサ、ヤダケのように稈鞘（皮）が枯れて腐るまで脱落しないものを笹と呼びます。一応、**木本科なのに、脱皮するというのも不思議な生態**なのです。

竹や笹の花は通常は咲くことがなく、竹は120年周期、笹は40年～60年周期で咲くとされています。しかも花を咲かせたのち、竹も笹も一斉に枯死するのでした。

竹の場合は、竹林全部が根でつながっているため、竹林全体が枯れてしまうそうです。しかも、地域が異なる離れた場所でも一斉に起こることがある――と伝えられます。

このため、昔から竹が花を咲かせると、人々の間では**「天変地異の前触れ」**とか**「不吉な現象」**が起こるとされ、怖れられていたのだそうです。いずれにしろ、竹や笹は一般的な樹木と異なり、まだまだ多くの謎が秘められているのです。

50 「不老不死の生命体」は存在するのか？

生物は必ず老い、やがて死ぬ――というのが、長い間の生物界の常識でした。しかし近年、**不老不死の生命体がある**――という研究者の発表があり、従来の常識が覆されるほどの衝撃を与えました。本当なのでしょうか。まだまだ未解明の謎なのです。

1996年、イタリアの研究者がベニクラゲの個体再生のメカニズムから、不老不死生物の可能性を発表しました。ベニクラゲは、成長しても4㎜～10㎜程度の体長です。卵から生まれますが、幼生のうちに岩などに固着してポリプを形成し、やがて幼クラゲとして離脱して数週間で成熟します。ところが、不思議なことに**ベニクラゲは2カ月ほど経過して死期が迫ると、自らの肉体を退化させて幼少期のポリプに戻る**のです。

そして体を若返らせ、再び幼クラゲとしてポリプを離脱し数週間で成熟し、また再び死期が迫るとポリプに戻るというのです。つまり、永遠にこれを繰り返せる――ということが不老不死につながる研究として、世界中が注目する発見になったわけでした。

また、1998年には、米国のポモナ大学のダニエル・マルチネス教授が、クラゲやイソギンチャクなどの仲間である刺胞動物（触手などに有毒な刺胞がある）のヒドラを、**「永遠の命を持つ生物」**と発表して、これまた世界に衝撃を与えました。

ヒドラは体長1㎝程度の淡水産無脊椎動物です。体のほとんどが幹細胞（分裂しても同じ細胞を作れる細胞）であり、これが分裂を繰り返すことで老化することなく、自分の体をつねに更新し続けることができるというのです。

こうした事例は、再生医療の研究にも興味深い示唆を与え、世界中で研究が行われるようになっています。なお、ベニクラゲも、ヒドラも自然界においては、天敵による捕食、汚染や病気にさらされるために、「不老不死」を続けている可能性は低いといいます。

しかし、これらの生物が、住みよい快適な実験環境の中にあるならば、不老不死の可能性があるのですから、まだ未解明の謎ながら、今後の研究が期待されるのです。

未解明の不思議

第4章

日常生活の不思議

51 「熟成肉」がおいしいとは限らない？

近年は「熟成肉」ブームとやらで、牛肉を扱う飲食店がやたらと「熟成肉」をアピールしています。熟成肉とは、一定期間、一定条件で貯蔵することで、肉のもつ酵素の力でたんぱく質をアミノ酸などに変え、旨味を増した肉のことですが、必ずしも美味しくなかった——という場合も多いのです。なぜかといえば**「正解」が未解明**だからです。

かつて某牛丼チェーンでは、輸入した北米産冷凍バラ肉を、解凍して店頭で提供するまで従来が4日間だったのを、2週間かけてゆっくり解凍したので一層おいしい「熟成肉」に変わりました——とさかんにアピールしていました。いったいこれのどこが「熟成肉」なのか——と食肉専門家たちの間では、首を傾げる人が続出したものです。ただし、定義がないのでこれも「熟成肉」です。**長く寝かせただけで「熟成肉」と称しても一向に構わない**からです。では、本来あるべき「熟成肉」とはどういうものでしょうか。

日本では従来、細かく脂肪のサシが入った、口の中でとろけるような柔らかい霜降り牛肉が好まれましたが、欧米では赤身が主流です。赤身のほうが、肉本来の味わいが楽しめヘルシーだからですが、赤身肉は硬いのが難点でした。そこで登場したのが「熟成」でした。肉は熟成すると柔らかく美味しくジューシーになります。方法は次の通りです。

※「ドライエイジング（DAB）」……チルド（0℃前後）で風を当てて乾燥熟成させる。
※「枯らし熟成」……枝肉のまま吊るし、低温で保存する日本式ですが、今はほぼ消滅。
※「ウェットエイジング」……輸送の時の方法と同じで真空包装して冷蔵保存するだけ。
※「乳酸菌熟成」……チーズやヨーグルトなどの乳酸菌を付着させて冷蔵保存する。

このうち、「ドライエイジング」が欧米主流の方法です。**日本では、冷蔵庫に保存しただけの肉でも「熟成肉」と称するので、店によって美味しくなかったりする**わけです。「ドライエイジング」を謳う店は、手間暇かけているので、まずは安心できるでしょう。

52 1本648円もする「もんげーバナナ」が入手困難?

バナナは、99・9%が輸入品です。年間100万t近い輸入量で、輸入果物の中でも断トツの1位です。輸入先の約8割がフィリピンで、残る2割をエクアドル（約16%）、グアテマラ（1・7%）、メキシコ（0・9%）などの熱帯地域から輸入しています。

バナナは寒い日本では、温かい鹿児島や沖縄で栽培実績が一部あるぐらいです。

ところが、岡山県の農業法人・㈱D&Tファームが生産し、2017年3月から発売開始した「もんげーバナナ」は1本648円もする超高級品にもかかわらず、大人気となり、地元でも品薄でなかなか食べられない状態が続いています。

なぜ、こんなことになっているのでしょうか——そんな未解明の謎を探ってみました。

「もんげー」というのは、岡山弁で、「すごい」という意味の言葉だそうです。

どこがすごいのでしょうか。まずは、日本の岡山県で栽培されているのも驚きですが、

「もんげーバナナ」がすごいのは、糖度がバナナの中では最も高い24・8もあり、甘くて美味しいだけでなく、**皮まで食べられる**という、その希少価値にあるといえたのです。

なぜ、皮まで食べられるかの謎は、ふつうのバナナと比べて皮が薄く、無農薬栽培だからです（輸入バナナは畑での農薬やポストハーベストの防虫・防カビ剤使用で危険）。

また、なぜ日本のような寒冷になる地域で栽培できるのか——という謎は、「凍結解凍覚醒法」という特許技術で栽培されているからです。この技術は、バナナの苗をいったんマイナス60℃に凍結し、解凍してから植えるのです。これで2万年前に氷河期が去り、徐々に気温が上がる氷河期直後の冷涼な気候を錯覚させ、遺伝子に記憶された生き残りモードを覚醒し、耐寒性を帯びさせたからでした。この方法によって、特濃・高糖度・高い香りのバナナの最高品種といわれる「グロス・ミシェル」を栽培したゆえに、皮まで食べられる美味しいバナナが生まれたのでした。

これほどの手間と時間をかけて育てるため非常に希少でした。地元岡山の百貨店「天満屋」で限定販売してもすぐに売り切れることが、入手困難の謎となっていたのでした。

53 なぜ「アウトレットモール」に行きたがる人が多いのか？

アウトレットモールは、賢い仕掛けが整っている施設です。

高級ブランド品が安く買えるのですが、街の便利な場所にはありません。

街の便利な場所には、高級ブランド品の専門店があり、そこで安売りしたらブランド信奉者をがっかりさせ、高級品たるブランドの価値を毀損してしまうからです。

ゆえに、**必ず少々交通が不便な場所にある**のです。しかも高級ブランドが集積しています。そのため、観光バスに乗ったり、マイカーを走らせて、わざわざ買い物に行く人がいつも大勢いるのです。高級ブランド品が安く買えてトクだと思うから行く人が多いのですが、高級ブランド品に興味のない人たちにとっては、不可解に思える行動です。

安くて良い品は、街中にも他に沢山売っているところがあるからです。

なぜ、高級ブランド品を欲しいと思うのか――不思議に思うからです。

心理学では「ウェブレン効果」がはたらくから――と説明しています。

「見せびらかし効果」のことで、「顕示欲求」が背景にあるわけです。

高級ブランド品を身に着けていると、周囲に対して誇らしい気分になれるからです。

高級ブランド品を身に着けると、「自己拡大・拡張効果」がはたらくからともいいます。

高級ブランド品を身に着けるにふさわしい自分――と思えると気分がよいからです。

ゆえに、正規品の値段が高い高級ブランド品だからこそ、意味があるといえるのです。


アウトレットモールに行きたがる習慣から脱却するには、高級ブランド品は初めからリーズナブルな価格設定でないことに気づくべきでしょう。本物のブランド品と区別のつかない精巧な偽物が半額以下で売り出されていることを考えれば、しょせん原価は1～2割だからです。**アウトレットモールで5～7割引で売っても、ブランドメーカーは決して損をしていない**ことに気づけるかどうかです。お金は大事に使いたいものです。

54 インフルエンザ予防に「うがい」や「マスク」は無駄?

風邪やインフルエンザはウィルスの感染でもたらされます。ご存知の通り、細菌による感染症とは違うため、抗生物質は効きません。細菌は、ウィルスより数十〜数百倍大きく自己増殖できる生物なので、抗生物質でその細胞を破壊すれば、増殖を抑えられますが、生物でないウィルスは人や動物の細胞の中に入らなければ増殖できません。

水に濡れたスポンジの中で細菌は増殖できますが、ウィルスはやがて死滅します。インフルエンザに罹った時に飲むタミフルや新薬のゾフルーザがありますが、これらは抗生物質ではなく抗インフルエンザウィルス薬で、細胞内のウィルス増加抑制の作用です。

ところで、風邪やインフルエンザの予防というと、「手洗い、うがい、マスク」の3本柱が奨励されてきましたが、最近これらは**日本独特の予防法で、ほとんど意味がない**——といわれるようになってきました。なぜなのでしょうか。不思議なことなのです。

風邪やインフルエンザに感染するのは、感染者の口や鼻からの咳やくしゃみといった飛沫によります。あるいは、感染者が咳をした手に病原体が残り、その手が触ったところを別の人が触ったり、握手すれば別の人の手に移ることになり、その手を口にもっていったところで感染するわけです。こんな感染ルートを辿ると謎が解けてきます。

「手洗い」は、ふつうに行うのではウィルスが残るケースも多く、石鹸や消毒用アルコールなどを使い、指と指の間や、爪と爪の間など徹底しないと意味がないようです。

また、「うがい」を奨励してきたのは日本だけらしく、すでに厚労省も数年前から、予防啓蒙ポスターなどの表記を奨励しなくなっていました。**口に入ったウィルスは、あっという間に体内に入ってしまうので、「うがい」をしても間に合わない**からでした。

また、「マスク」をしていても、空気とともにウィルスは通り抜けてしまうので、感染者の飛沫が拡散するのを若干抑制するぐらいしか期待できないようです。ただ、「すべて無駄」と決めつけるのも早計です。ウィルスはまだ未解明の謎を秘めているからです。

55 ワクチン接種だけでインフルエンザ予防は完璧なのか？

ウィルスには、抗生物質が効きません。

そのため、インフルエンザを予防するには、ワクチンの予防接種を受けておけばよい――と考える人も多いでしょう。しかし、けっしてワクチンは完璧ではないようです。

なぜなら、ワクチンを受けていても、インフルエンザに罹る人もいれば、ワクチンを受けなくても、まったくインフルエンザに罹らない人もいる――という謎があるのです。

ワクチン接種は、ウィルスや細菌などの病原体の出す毒素の病原性や有害性を弱めたり、なくしたりしたものを、あらかじめ体内に取り入れることで、その病原体から体を守る仕組み（免疫作用）を作ることです。これによって本物の病原体が体内に入ってきた時に、免疫によって体が守られ、感染症に罹《かか》りにくくするというメカニズムです。

では、いったい、どのぐらいワクチン接種の効果はあるのでしょうか。

各種の研究データにはかなり幅がありますが、**ウィルスに感染しない確率は概ね30%程度～60%程度**となっています。30%などと聞くと大して効かない――という感想をもつ人も多くなるでしょう。なにしろ、毎年流行するインフルエンザウィルスには、いろいろな型があるため、どんぴしゃりと行かないケースも出てきます。

そのため、「ワクチンは効かない」「ワクチンは気休めの効果しかない」「製薬会社の陰謀だ」などといった噂も流布されるゆえんだったのです。**これが謎を生む原因**でした。

しかし、ワクチンを予防接種しておけば、万一感染してしまった場合でも、重症化が避けられるため、合併症を引き起こし死に至る――といった不幸な例は確実に減らせる――という効果はあるようです。

「ワクチンの接種を受けたけど、インフルに罹った」などといった個人の経験は、噂を生むだけで科学的エビデンスにはなりえません。たとえ、30%の低い効果しかなくても、大都市での数百万人単位の人口比で考えれば、意味のある数字といえるはずなのです。

56 お茶は本当に健康によい効果を体に及ぼすのか？

お茶は健康によい――と昔からよくいわれます。それは本当でしょうか。お茶の起源は古く、紀元前2千年以上前から飲まれてきた記録があるそうです。お茶は、生の茶葉を乾燥・発酵させて作り、発酵の度合いで大別されます。茶葉がもつ「酵素」のはたらきで、「不発酵」の緑茶、「半発酵」のウーロン茶、「発酵」の紅茶に分かれます。

昔から、お茶にはカフェインが含まれるので心身の疲労回復によい、タンニンの解毒作用、無毒化作用が期待できる、ビタミンCがレモンの3倍近くも含まれ、しかも熱に強いビタミンCなので熱いお茶から吸収できる、ビタミンEやルチンが含まれる――といったことが、お茶の効用の主流でしたが、１９９０年代に入り、ポリフェノールをはじめとする抗酸化作用のあるカテキンなどの物質が特に注目されるようになります。

とりわけ、緑茶は、動脈硬化の予防や抗酸化作用による美肌効果が期待できるポリフェノールを多く含み、ウーロン茶の1・35倍、紅茶の1・87倍あります。また抗菌・殺菌作用をもつカテキンもウーロン茶の1・45倍、紅茶の2・47倍あります。さらに抗酸化作用や抗毒作用があり、免疫力を高めてくれて脂肪吸収を抑えるエピガロカテキンガレート（EGCG）もウーロン茶の1・46倍、紅茶の16・5倍あります。このような成分から、今日お茶の持つパワーが非常に注目されるようになったといえます。

最近では、お茶を飲むことでインフルエンザ予防になることや、がん予防になることまでが注目され始めています。インフルエンザウィルスの表面には、スパイクと呼ばれる突起上のたんぱく質があり、これで咽喉などの細胞に付着します。エピガロカテキンガレートはこれに取り付き、細胞吸着を防いでくれ、細胞への広がりを阻止します。

また、緑茶は、胃がん、大腸がん、乳がん、肝がんなどの関連性を調べる疫学研究でも、お茶を一日に沢山摂取する人ほど、がんの発症率が低くなることが判明しています。**お茶の成分が、どのようなメカニズムでがん予防に役立つのかは未解明の謎**なのです。

57 なぜ女子のほうが学力が高いのか？

2018年7月、文部科学省の科学技術・学術政策局長が受託収賄容疑で逮捕されました。息子の東京医大への裏口入学と引き換えに同大の「私立大学研究ブランディング事業」の選定斡旋を行った容疑でした。しかし、これを端緒に事態は急展開しました。

東京医大の差別的な入試得点の取り扱いが明らかになったからでした。また他の医大でも同様の取り扱いがあることがわかり、「女子受験生差別」として論議を呼びました。東京医大は、女子受験生の得点を一律で引き下げないと、女子の得点が高くそのぶん男子が入学できなくなる——ために女子を全体の30％になるよう抑制していた——というのです。とても衝撃的な話だったのですが、**実際世界的傾向として女子は男子よりも学力が高い**のでした。不思議な現象ですが、これもまた未解明の謎なのでした。

ＯＥＣＤ（経済協力開発機構・加盟36カ国）は、２０００年から3年毎に加盟国を中心に15歳児のＰＩＳＡ（国際学習到達度調査）を実施しています（２０１５年には72カ国で実施）。主に「読解力」「数学的リテラシー」「科学的リテラシー」などの3分野を測定するものですが（日本では無作為抽出の約２００高校の1年生約６６００人が受けたが、一部には16歳も含まれる）、原則として問題は公表されません（２０１５年の日本の順位は「読解力」８位、「数学的リテラシー」５位、「科学的リテラシー」２位）。

この調査においても、**調査対象国の70％において、男子よりも女子のほうが成績がよい**のです。この傾向は男女平等意識が高くないとされるイスラム圏でも同様でした。

様々な国の教育者や研究者が、この謎を解明しようとしていますが結論は出ていません。仮説では、男子のほうが宿題に費やす時間が女子より1時間少ないから、男子は女子よりもゲームに費やす時間が長く、読書に親しむ時間が短い――などいろいろありますが謎は深まるばかりです。また、せっかく成績がよくても女子は大学に進学した場合、科学関連の専攻分野を選択しない――という新たな課題も浮き彫りになっています。

58 なぜ日常生活では色彩による影響を受けてしまうのか？

私たちの日常生活は、無意識のうちに「色彩」の影響を多分に受けています。
色彩心理学によれば、色彩の影響では次のようなイメージが明らかにされています。

★赤……興奮・情熱・怒り・歓喜・炎・太陽・積極性・躍動性
★青……鎮静・清潔・冷静・爽快・開放・海・空
★黄……注意・明朗・闊達・愉快・無邪気・幼児性
★緑……森・自然・安心・休息・息吹・新芽
★黒……重厚・剛毅・不屈・厳格・格調・風格・威厳
★白……清潔・純潔・開放感・純真・雪・雲
★ピンク……可愛い・愛・恋心・童心・夢・甘え

たとえば、ファストフード店では、お客を早く回転させるため、滞在時間が長く感じられ、くつろいだ感覚をもたらす赤系のオレンジや茶系といった暖色系の内装がよく使われます。また、色には重さをイメージさせる効果もあります。白、薄緑、黒の3種類に色分けした同一の段ボールを運ぶ実験では、黒色が一番重く感じられ、一番軽く感じた白色の2倍近くの重みで、薄緑はこれらの中間でやや白色に近い重さに感じられています。白色は非常に軽快感があるため、運動靴や体操着などにも用いられています。

こうした服装でのカラー演出は、「ユニフォーム効果」とも呼ばれ、警察官やガードマンなどは黒系に近い身なりで威厳を醸します。競技用ユニフォームに黒色を多く使うと、実力以上に強さが際立つ効果も知られます。なお、色彩心理学では、赤には強力な作用があり、人を魅力的に見せる色としています。危険を連想させるから——という説もありますが、モテたい時、服装の一部に赤色を取り入れると、目を惹き人物を輝かせます。

こうした心理効果が、なぜ生じるのか——ということは未解明の謎なのです。

生まれつきのものなのか、学習で学んだものなのか——がはっきりしていないのです。

59 「歯科矯正」はなぜ健康保険の適用除外なのか？

一般の医療では「混合診療」が禁じられています。混合診療とは、健康保険が適用される診療と、自費による自由診療とを組み合わせた診療のことで、日本では保険診療の質低下を招きかねないため、高度先進医療などで一部適用可の場合の他は禁止です。混合診療になってしまう場合は、診療行為すべてを自己負担にするという原則があります。

ところで、**歯科診療には例外的に混合診療が認められています**。なぜでしょうか。レントゲン撮影や虫歯治療は保険で賄い、金やセラミックなどの被せモノは自費で賄うといったことがOKとなります。理由は、これぐらいは仕方がないからのようです。

そのため、かつては歯科医の間で自由診療が横行し、ウハウハ儲かるので脱税御三家に歯科医が並んだこともありましたが、その後厚労省が歯科医を大量に増やし、コンビニの数（2018年末約5万8千店）を上回る約6万9千医院にまでしてしまい、近頃は競争激化で保険診療一筋の低年収になったという笑えない後日談まであるのです。

ところで、そんな歯科でも、**歯並びが悪い場合に行う「歯科矯正」は自由診療**となっており、「咬合異常」などの重症事例と認定された以外は、健康保険での治療が受けられないことになっています、なぜなのでしょうか。小学校の歯科検診で歯科医から「歯列を矯正しなさい」と勧められても、おいそれと保険診療は認めてもらえません。「歯科矯正」は自由診療だと少なくとも数十万円～100万円近くもかかるというのにです。

歯並びが悪いことで虫歯になったり、重い病気になる例も多いのですが、保険診療を認めない厚労省の見解では「歯科矯正は、見た目をよくするなど審美的要素があるから、保険診療の適用除外」としています。気の毒なのは歯並びの悪い子供たちなのです。

ドイツやイギリスでは18歳まで、フランスは16歳までに歯科矯正を行う場合は、保険診療が認められています。保険財政がひっ迫しているので、厚労省が保険適用にしたくない事情はわかるものの、先進国とは思えない未解明の謎は、いただけないのです。

60「日本の中心」が多すぎて確定できない？

日本の中心はどこになるのでしょうか。誰かに唐突に尋ねると面白い反応が現れます。

「日本の中心は何たって、首都の東京でしょう？」

「天皇の住居がある皇居じゃないの？」

「地図で見ると、長野県か、群馬県か、埼玉県あたりかなー？」

質問が抽象的すぎて漠然としているため、答えもバラバラになるのです。

そのせいか、**「日本の中心」を主張する地域は、日本全国に28カ所も存在**します。

何でこんなことになっているのか、未解明の謎なのです。

ざっと主なところを挙げると、次の通りです。

●**群馬県渋川市**…日本列島を円ですっぽり覆うと、円の中心になるから。

●**兵庫県西脇市**…東経１３５度と北緯35度の交差するゼロポイントだから。

●**岐阜県関市**…日本人の体重を同じと仮定して、人口分布で重心が取れる地だから。
●**石川県珠洲市**…かつて国土地理院が定めていた日本の重心。今は資料がなく根拠不明。
●**静岡県湖西市**…東京と大阪を結んだ場合の中心地だから。
●**静岡県袋井市**…江戸と京都を結ぶ「東海道五十三次」で両端から二十七番目だから。
●**徳島県東みよし町**…東経134度と北緯34度の交差するゼロポイントだから。
●**長野県佐久市**…海岸線から一番遠い所に位置しているから。
●**長野県塩尻市**…本州の中心の長野県の中で中心に位置するから。
●**長野県松本市**…本州の中の中心地だから。
●**長野県小川村**…本州の重心が取れる地なので「日本のへそ」を名乗っている。

ざっと眺めただけでも長野県が多いのですが、調べてみると**長野県には日本の中心を名乗るところが全部で9つ**もありました。他にもまだあったのです。長野県民は自意識が高いのかもしれません。いずれにしろ、こんなに沢山あると当惑させられます。

名乗ったモン勝ち――という側面もあるようで、真相はますます未解明なのです。

61 なぜ有名人にはメンタルの強い人が多いのか？

芸能人をはじめとする世間で名の通った有名人は、かなりメンタルが強いように窺えます。何しろ、**人生全般にわたって自分の私生活が、あることないことアレコレ噂され、格好の話題にされる**からです。

交際、交遊、二股交際、熱愛、お泊まり、DV、同棲、不倫、整形、略奪愛、結婚、離婚、受験、学歴、ヤンキー歴、家族、家庭、兄弟、親戚、自宅、トラブル、性癖、二世、三世、性格、態度、収入、資産、浪費、顔立ち、身長、体重、コンプレックス、生死……などなど、ありとあらゆる情報が世間に流布されます。

おめでたい話ならともかく、有名人は少しばかりの失言や失態でも大騒ぎされます。

気弱な人間なら、耐えられないようなプライバシーが暴露されているのに、何事もなかったような顔で、メディアのインタビュアーが放つシニカルで辛辣《しんらつ》な質問にも応じるのです。会社のパワハラ上司にイヤミを言われたり、怒鳴られるのと比べると、どちらがマシなのでしょう。世間から袋叩きにされるほうが逃れようもなく、地獄かもしれません。どうして彼らは平然としていられるのでしょうか。これは未解明の謎なのです。

想像ですが、次のように考えていれば、困難を乗り越えられるのかもしれません。

※騒がれるうちが一番オイシイ。話題にのぼらなくなったら有名人として終わり。
※自分は自分、他人は他人。他人にどう批判されようが動じる必要はない。
※バカな世間にどう思われようと、そのうち悪い印象も風化するので時間を稼ぐだけ。

こうした信念をもって立ち向かえれば、強靭なメンタルの持ち主にもなれそうです。しかし、こんな信念を持ち続けるのも大変です。ついつい心が折れそうになってしまうでしょう。こうしてみるとメンタルが強い――というのも考えものなのです。しかも、世の中すべての人が、強靭なメンタルの持ち主ばかりだとイヤな世の中にもなります。未解明の謎ですが、メンタルを強靭にせずとも、ふつうに生きたほうが楽なのです。

62 なぜ飲酒後の悪習慣「締めの〇〇」をやめられないのか？

お酒を飲んだ後に、「締めのラーメン」を食べる——という人は少なくありません。

ただ、なぜラーメンが食べたくなるのか——という謎は、**ほぼ解明**されています。

アルコールには利尿作用があるため、小便が近くなりトイレに行きたくなります。

そのため、体内は水分不足になると同時に、塩分不足にもなります。また、食事を摂ると、小腸から吸収された糖質が肝臓で分解されてグルコースになり、血液中に放出されて血糖値が上がるのですが、アルコールの摂取があると、アルコールは異物なので、肝臓は糖質よりもアルコールの分解を優先します。そのため、ふつうは食事をすると血糖値が上がるのに、アルコールの摂取のために反対に血糖値を下げてしまい、空腹感が生じるのです。さらに、肝臓がアルコールを分解するにはエネルギー（糖質）が必要になります。そのため、消化効率のよい炭水化物や甘いものが欲しくなるのです。

かくして、深夜でも開いているラーメン店に立ち寄り、つい「締めのラーメン」を食べたくなる――というわけでした。体によくないと思っても、誘惑に負けるのです。「水分プラス塩分の欲求」「空腹感＝糖質の欲求」が、ラーメン店に向かわせる原動力となるのですが、「締めの○○」に該当する食べ物は他にもあります。「チャーハン」「焼きそば」「焼き肉」「お茶漬け」「おにぎり」…などです。近年は「スイーツ」もあります。欧米では、締めに「甘いデザート」が定番で、日本でも提供する店が増えています。

こうしてみてくると、未解明の謎はないのですが、締めに○○を食べる習慣は、カロリー過多などで健康によくないことは明白です。しかし、どうしたらこの悪習慣から逃れられるか――というのは強い意志で断ち切る位しかなく、意外にも未解明なのです。

そこで提案ですが、お酒の最後に「味噌汁」を飲んでしまえば「締めの○○」が欲しくなくなります。「味噌汁」は塩分が多いと思われがちですが、ラーメン一杯の塩分6〜8gと比べ、たったの1・5g程度なのです。そのうえ、味噌に含まれる大豆イソフラボンには血圧を下げ、腎臓から塩分を排出し、血管を若返らせる効果もあるからです。

63 なぜ日本や先進国・新興国の少子化は止まらないのか？

日本は、少子化が進むと同時に寿命が延びて「少子高齢化」が最大のリスクといわれます。生産年齢人口の減少や需要の減少でGDPが縮小し、社会保障費が増大するからです。長寿化の原因は、がんの死亡率や乳幼児死亡率の低下といった医療技術の進歩で説明できますが、少子化の原因は主に経済的要因といわれるものの、真相は未解明の謎なのです。「賃金の低い非正規雇用労働者の増加による非婚化」「女性の社会進出でキャリア途絶を避けるための出産抑制」「保育園などの待機児童問題がネック」など、**いろいろ指摘されるものの、明確な原因はわからない**——とされる未解明の謎なのです。

ゆえに抜本的な解決策も見出せぬまま、政府も「少子化担当大臣」などの肩書だけを閣僚にぶら下げ、放置プレイを続けてきたのです。人口は、合計特殊出生率（女性が生涯で産む子供の数の平均）が、人口置換水準（人口を維持できる平均出生率で日本は2・

07）の概ね2・0を下回ると減少します（2017年の日本は1・43）。夫婦2人に子供2人がいれば、世代間での人口数は概ね維持できるからです。ところで日本は少子化ですが、世界の先進・新興国でも同様の現象が見られます。

世界銀行発表の2016年の合計特殊出生率を見ると、世界平均は2・4とまだ人口は増え、2065年に世界人口は100億人になる見込みですが、これはサブサハラ地域（アフリカ54か国のうち、サハラ砂漠以南の49カ国の貧しい地域）の出生率が4・8と高いことが原因で、EU加盟国は1・6、北米は1・8、アジア太平洋1・8など先進国だけでなく新興国でも人口置換水準を割り込みます。中国でさえ1・62で、韓国は1・05と衝撃的です（18年は0・97）。OECD加盟国平均でも1・68なのです。

貧しい国ほど多産で「貧乏人の子沢山」を地で行くわけです。マウスなどの動物実験では、食料不足の状態に置くと子沢山になるそうです。これは**「種の保存のため」と説明されるものの原因は未解明**なのです。日本や先進・新興国の少子化の原因は「食料が豊富だから」「飢餓と無縁だから」なのでしょうか、ますます原因は謎めくわけなのです。

64 なぜ年収が高くなると幸福感が上がらなくなるのか？

「年収」と「幸福」に関する研究はいろいろあります。

有名なのは、プリンストン大学のダニエル・カーネマン教授（02年行動経済学分野でノーベル経済学賞受賞）や、同じ大学のアンガス・ディートン教授（05年行動経済学分野でノーベル経済学賞受賞）の研究です。彼らが辿りついた「年収と幸福感」の結論は、「幸福感は、年収が7万5千ドルまでは、収入に比例して上昇するが、それを超えると比例しなくなる」というものでした。1ドル110円換算で825万円ぐらいです。

収入の増加が、ある時点を超えると、「自由に消費でき、旅行にも行ける」といった「生活満足度」は上昇しても、「幸福感」は上がらない——ということを、最初に提唱したのは、1974年の米国の経済学者リチャード・イースタリン教授でした。「幸福のパラドックス」と呼ばれるこの現象を、1人当たりのGDP成長率と各国国民の幸福の度合いでとらえ、明らかにしたわけです。「幸福」の定義は難しいものの、仕事で稼ぐほど、ストレスや家族との関係性も変化するので、高収入が必ずしも人を幸福にするとは限らないと見立てました。高年収に慣れるとどうってことない――というのもあるでしょう。

これは本当かどうか。これも未解明の謎なのです。まずは、「幸福感」と「満足度」の違いも明確でないため、首を傾げる人がいてもおかしくないのです。そもそも何が満たされれば「幸福」なのか――というのも人類にとっては大きな謎で答えがないからです。

富裕層の調査で、よく取り上げられる質問に、「あなたにとって幸福とは何ですか」というのがあります。するとたいていの富裕層の人からは、「家族との団らん・友人との語らい」「安らかな休息」「家族の健康」など、非常に平凡な答えが返ってくるのです。「自分の経済力で○○を獲得出来た」とか「金の力で○○を制覇した」といった達成感に類する答えはほとんど見当たりません。むしろ、「金で人の心は買えない」とか「遺産で揉めてほしくない」などの戒め事や心配事さえ尽きないのですから不思議なのです。

未解明の不思議

65 メッセージはポジティブとネガティブのどちらが効く？

ポジティブなメッセージは人をヤル気にさせたり、ネガティブなメッセージは行動を抑制するのに効果があったりします。ポジティブに告げるのとネガティブに告げるのはどちらが効果的なのでしょうか。心理学の実験では「フィアアピール」といって軽く脅したほうが効くといいます。「俺に逆らうとクビだぞ」とパワハラまがいに脅すよりも、「逆らってると居場所がなくなるかもよ」などと軽く曖昧に告げるほうが効果的というのです。本当でしょうか。脅しすぎると不快にさせ、反発心のほうが刺激されるから――と説明されますが、必ずしもそうとはいえず、これはまだ未解明の謎といえるのです。

「この手術の成功率は90%です」といわれれば、「手術しようかな」と前向きになりますが、「この手術の死亡率は10%です」などと告げられると、尻込みしたくなります。

人は目先の利益には飛びつきますが、損失を強調されると損失そのものを回避しよう

とするから――というのは行動経済学が教える有名な「プロスペクト理論」になります。

たとえば、値上がりするだろうと思って買った株式が、期待通り値上がりした場合、目先の利益を確定すべく、早めに売りたくなるのが人間です。しかし、予想に反して値下がりした場合は、どう行動しようとするでしょうか。値下がりした時点で売れば損失確定です。そのため、損失そのものを避けようとして、「いや、すぐにまた値を戻してくるはずさ」と様子見に入ります。しかし、期待通り株価が上がれば問題ないですが、さらに株価が下がる場合もあります。すると売れば損失が大きいので、売るに売れなくなり塩漬け状態にも陥りかねない――というのが行動経済学の教えなのです。

ここでも、心の中のメッセージによって人間心理が影響を受けているわけです。

ギャンブルで「負け」が込んでもやめられず、損失を一気に挽回したくて、一か八かの大勝負に出ようとするのも、このメッセージに裏打ちされているからといいます。

「このサプリで痩せられるよ」というポジティブと、「このサプリを摂らないと太るよ」というネガティブでは、どちらが効くのかは、人にもよるので未解明といえるのです。

66 マイホームは「賃貸」と「購入」のどちらがトクか？

マイホームを借りて賃料を払い続けても、永久に自分の所有物にならないから、購入したほうがトク——というのがマイホーム購入派の多数意見でしょう。

マイホームを購入しても、建物は劣化するし、人口減少の日本では地価も下がり、マイホームの価値も低くなるから、ローンを組んでまで購入するのは阿呆らしい——というのがマイホーム賃貸派の多数意見でしょう。

「購入」と「賃貸」のどちらが得なのか——ということは、昔から永遠のテーマのように議論が尽くされてきました。しかし、**結論は未解明**なのです。

どちらにもメリットやデメリットが沢山あるからに他なりません。

いずれにしろ、マイホーム購入は、高額ゆえにローンを組まないと購入できません。

これが大きなネックのひとつです。どんなリスクがあるのでしょうか。

※変動金利でローンを組んでいたら、金利が上昇する可能性。
※勤務先からの転勤命令があると、そのまま住み続けられなくなる可能性。
※年収が下がったり、リストラで失業したら、ローンの支払いが困難になる可能性。
※マイホームを途中で売ると購入時より安くなるため、ローンの残債が残る可能性。

しかし、大きなメリットもあるのです。マイホーム購入者は、団体信用生命保険加入なので、主が死亡した場合、ローン残債がチャラになり、マイホームを遺産として家族に残せます。しかも、高齢の独居老人は孤独死の可能性で家が借りられない恐れがありますが、その心配がなくなる老後の安心感もあるでしょう。ゆえに保険のつもりで家を購入する——という人もいるのです。結局、ローンを払い続けられるかどうか——が一番大きなリスクといえるのです。いっぽうで人生を気楽に生きていきたい人は、安い賃料の家を借りて蓄財に励み、老後に今より安くなっているはずの家を買えばよいだけという話なのです。これはもう未解明の謎ですが、**決断の差**でしかないでしょう。

67 総資産10億・家賃年収7千万のメガ大家は儲けているか？

２０１３年から始まったアベノミクスは、日銀の大規模異次元緩和やゼロ金利政策を通じて金融機関の融資金利をユルユルにしてきました。超金融緩和時代の到来です。

おかげで、借金をしまくって不動産投資を拡大し、「メガ大家さん」なる存在も輩出しました。メガ大家さんとは、総資産10億円規模の大家さんのことで、書店の不動産投資本コーナーに行くと、「家賃年収5千万円」とか「家賃年収7千万円」といった惹句の書籍を出している大家さんたちです。すでに会社員をリタイアし、悠々自適の大家さん生活をアピールする人も多く、一般読者で憧れた方も多かったことでしょう。さて、当のメガ大家さんは本当に儲かっているのでしょうか。未解明の謎を探ってみました。

本来、不動産投資は10数年以上の長いスパンで収益を上げ資産形成するものです。アベノミクス以降のたった数年間でメガ大家さんになった人たちは、総資産10億円といっても大部分がフルローンの借金なのです。収益シミュレーションをしてみましょう。

物件価格10億円（RCマンションやアパート数棟分）で満室表面利回り7％で、空室率5％として年間収入は6650万円です。変動金利0・5％で25年ローンなら、月額返済額は354万円で年間4256万円です。家賃年収6650万円のうち管理・設備メンテナンス代は15％ぐらいかかるので997万円。年間家賃から、これら諸経費を差し引くと、税引き前手取りはたったの1397万円です（実質利回り1・39％）。同条件を固定金利2％で25年ローンなら、月額返済額は423万円で年間5086万円なので、同様に諸経費を差し引くと税引き前手取りはさらに下がり、僅か567万円にまで減ってしまいます（実質利回り0・57％）。借金の割に収益が低すぎるのです。

利回り7％程度の物件ではとても儲かりません。**最低でも利回り14〜15％以上の投資物件でないと年収が低すぎて意味がない**のです。空室が拡大したり、変動金利が上昇したら目も当てられないのです。メガ大家さんは「破綻予備軍」の可能性大なのです。

68 また原発事故が起きるかもしれない？

２０１１年３月、地震と津波によって東京電力福島第一原子力発電所は大事故を引き起こしました。しかし、その後も津波対策を怠っていた無責任な東京電力をはじめ、電力業界は「原発ゼロ」を阻止すべく原発再稼動の方向に動いています。政府も新たに安全基準を作り、「再稼動ありき」に舵を切っています。原発は本当に再稼動しても大丈夫なのでしょうか。マスメディアもほとんど伝えてくれない未解明の謎に迫りましょう。

東京五輪招致のためのＩＯＣ総会で、安倍首相は「フクシマは安全」とアピールしましたが、福島第一原発の原子炉建屋に流れ込む地下水は汚染され続け、保管する汚染水タンクは増え続けています。４基の原子炉は廃炉に向け、８兆円以上をかけて数十年にわたる廃炉作業に追われています。これがアンダーコントロール下の状況でしょうか。

危険なのは、原子炉や汚染水だけではないのです。全国の原発54基の原子炉建屋の上部には、使用済み核燃料プールがあり、ここには未使用、使用済みの核燃料が数千本単位で冷却保存されています。福島原発の事故では、一時このプールが冷却電源を喪失し、さらに崩れそうになって緊急コンクリート補強をしています。この使用済み核燃料は、数年間水を循環させるプールの中で冷やし続けないと、万一空気中に露出させると、熱を帯びて核分裂反応を起こし、メルトダウンに到るという危険極まりない代物です。使用済み核燃料は、十分に冷却したのち、青森県六ケ所村の再処理工場で、新しい燃料に加工することが前提でしたが、この目途もまったく立っていないのが現状です。

日本は、火山・地震・津波大国です。原子炉事故だけでなく使用済み核燃料プールが崩れ落ちただけで広範な大地が汚染され居住不能になるのです。東京さえ、福島の事故の際は例外ではなかったことを想起しなければなりません。テロ攻撃や、航空機事故、ミサイル攻撃があればひとたまりもなく、また原発事故は起こりかねないのです。未解明の謎ながら、私たちは**恐るべき状況と隣り合わせにいる**わけなのです。

69 なぜ日本の煙草パッケージの警告表示は緩いのか？

日本でも受動喫煙を防止するべく02年に健康増進法が生まれ、煙草価格も随時引き上げられ（メビウス＝旧名マイルドセブン、97年230円→現在480円）、禁煙に向けた取り組みがすすみました。東京五輪に向け、煙草規制もさらに強化の動きです。

そのため喫煙者も減少し、ピーク時だった1966年の喫煙率では男性83・7％・女性18・0％でしたが、18年には男性27・8％・女性8・7％まで減りました。

もはや、喫煙者は国内の少数派となってしまったのでした。

ところで、海外で売られている煙草のパッケージを見ると、驚くべきことになっているのをご存知でしょうか。**パッケージの半分どころか75％、中にはほとんど全体が、煙草の有毒性を謳った過激な写真と警告文で覆われている**のです。

米国のパッケージには、白い布を手にした金髪女性が正面を向き血を吐いている写真や、手術で開胸中のどす黒く爛れた肺臓の写真などが表示され、「喫煙をやめ、身近な人のために生きよ」「喫煙は10個の肺がんのうち9個の原因」などの警告文が英語で書かれています。米国だけではありません。欧州や東南アジアでも、もはやホラーといえるようなグロテスクな写真が、これでもかとパッケージに刷り込まれ、これが世界標準の趣なのです。海外では、もはや「喫煙＝犯罪」に近い扱いといってもよいでしょう。

しかし、日本は煙草パッケージにグロテスクな写真もなく、「喫煙は、あなたにとって肺気腫を悪化させる危険性を高めます」などといったマイルドな警告文だけなのです。なぜなのでしょうか。日本が、あたかも「煙草に寛容」な国の印象なのです。

これは、未解明の謎――というほどのこともありませんでした。財務省がダブルスタンダードだっただけだからです。禁煙促進ムードが急速に広がらないようにしています。すなわち、ニコチン依存の喫煙者がいなくなったら税収が減るからで、これまで煙草税収全体は96年度の2・13兆円から17年度の2・07兆円までほぼ横ばいでした。

喫煙者数の減少を価格アップで補ってきた、財務省の巧妙な意図が透けていました。

70 なぜ日本でだけ「卵かけごはん」が食べられるのか？

海外の人は、日本人が好んで「卵かけごはん」を食べるのを見ると驚きます。

なぜでしょうか。日本人にとっては、子供の頃から当たり前の食習慣なのに、外国人にとっては、異次元世界の「気味の悪い」出来事のようにさえ映るからなのです。

1976年公開のシルベスタ・スタローンの主演映画「ロッキー」は、主人公の貧乏なボクサー・ロッキーが世界チャンピオンに挑む物語ですが、世界中の人達の印象に残っているシーンの一つに、ロッキーがコップに入れた生卵を飲むシーンがあります。

海外では、生卵を飲む行為は「命がけ」のチャレンジです。**生卵は海外ではサルモネラ菌による食中毒感染が常識**だからでした（カンピロバクター菌のケースもあり）。

鶏卵は、産卵の出口と排泄のための肛門が同じため、家禽類の腸内の常在菌であるサルモネラ菌が殻に付着しているケースが懸念されます。したがって、その生卵を割ってそのまま食べたり、飲んだり、あるいは殻を触った手のままでいると食中毒を引き起こす可能性がある——というわけです。ゆえに鶏卵の生産においては、徹底した衛生管理が求められますが、海外では品質管理もバラバラで十分な殺菌、洗浄が行われていないケースがあるため、生卵は特に危険という認識になるわけです。

ちなみに米国でのウィルスや細菌、自然毒などによる年間の食中毒発生件数の平均は４７００万件以上で13万人が入院、年間約３千人が死亡しています。日本は１～２千件程度の発生で入院が１～２万人程度、死亡は５人前後と世界でも極端に少ない国です。

先進国の場合は、衛生管理も行き届いているため、それほど敏感になる必要もないともいわれますが、流通過程において１カ月近くかかっている場合もあり、サルモネラ菌などの増殖の可能性が考えられるのです。保存が長いものは加熱調理が必須なのです。

日本の場合、鶏卵は生で食べることを前提に出荷されますが、海外では加熱調理されることが前提です。そのため、卵の殻の安全性が不確かだった——というわけなのです。

71 なぜポイントカードは無駄遣いを助長させるのか？

買い物の際に、レジで共通ポイントカードを提示するのは、今や普通のことになりました。共通ポイントカードは、04年にＴＳＵＴＡＹＡが「Ｔポイントカード」で先鞭をつけ、複数の店舗でポイントが貯まって使えることが便利なので、「Ｐｏｎｔａカード」や、さらに楽天の「Ｒポイントカード」などライバルカードが次々参入しました。

大手のポイントカード会社は、すでに5千万人以上の登録会員を擁し、企業にマーケティング情報を提供したり、ビッグデータを活用しています。顧客がいつどこで何を買ったかがわかるので、**顧客の趣味・嗜好まで把握できる強力なツールとなる**からでした。

ポイントカードが普及したのは、店舗側の「顧客囲い込み」のメリットが大きかったからです。安売り競争に巻き込まれずにすみ、ライバル店との消耗戦も避けられます。

ポイント分以上に商品価格を嵩《かさ》上《あ》げし、「10％付与」などと還元率を高く見せることもできます。あるいは、特定日にポイントを2倍や5倍にする「ポイントデー」などの販促にも使えます。お客にとっては「チリも積もれば」程度の感覚なのにです。

お客は知らぬ間にポイントが貯まっていれば嬉しいですが、本当は店舗側が安売り競争をしてくれたほうが、おトクなことを忘れさせられています。不思議なことなのです。本当は激安店での買い物が一番オトクなのに、わずかなポイントの蓄積だけで納得させられるのです。ポイントカードには、大きな目くらまし効果があるゆえんでしょう。本当は大してトクしていないのに、トクした気分にさせるので謎めいてくるわけです。

たとえば、こういうことです。家電量販店で40万円のテレビを買うと、10％付与なら4万ポイントが付与されます。すると4万ポイントも儲かった気分になり、つい余計な周辺機器まで買いたくなってしまうのです。最初から4万円引きの36万円でテレビを買っていればそれで終わり、余計な無駄遣いをしなかったはずが、逆に追加消費を促進させてしまうわけです。この消費を喚起する効果は、まだまだ未解明の謎なのです。

72 なぜ空室の目立つボロアパートが放置されているのか？

街を歩くと、築年数が古く、雑草が生い茂ったり、ゴミが散乱しているボロアパートを見かけます。夜になっても電灯の点らない部屋も多く、空室だらけなのに取り壊されることなく放置同然のアパートです。入居者も少数だと、部屋数に見合った家賃収入も見込めないのにボロアパートのまま、**なぜ改築したり取り壊して新築アパートに建て替えないのでしょうか。**不思議な光景をかもしているわけです。実は、これにはいくつかのまっとうな理由があったのでした。未解明の謎というほどのこともなかったのです。

※もう十分元は取ったし、入居者がまだいるので、このままの放置状態が楽だから。
※取り壊すには、入居者の立ち退きが必要になるが、立ち退き交渉は面倒だから。
※少しぐらいリフォームしても、入居者増は望めないし、改築費用が無駄だから。
※借金して新築に建て替えても、今後は人口減少で入居者難が予想され、無意味だから。

※取り壊して更地にすると相続時の「貸家建付地」評価がなく、相続税が増えるから。

こんな理由が存在するからでした。現状維持の放置プレイが、一番安心だったのです。特に大きな理由は、一番最後の「貸家建付地」評価からの除外でしょう。高齢の大家さんほど自分が死んだ後、家族に少しでも多くの遺産を残してあげたいわけです。

建物を取り壊し、更地にすると土地の評価額は地価の7～8割の「路線価」での評価になりますが、土地に貸家（戸建て・マンション・アパート）があると、借地権割合と借家権割合で4割ほど市場価格（時価）が圧縮されるからなのです。1億円の土地なら路線価が8千万円となり、8000万円×（1－0・6×0・3×1）＝6560万円ぐらいに圧縮されます。そのうえ小規模宅地特例の適用が受けられれば、さらにこの半分ぐらいの土地評価額に圧縮されるのです。ゆえに放置プレイ状態のボロアパートなのですが、建物があっても入居実態がなくなるとこれも消滅します。未解明の謎なのですが、入居者募集さえしていれば「貸家建付地」評価になる——と誤解している大家さんが多いようです。大家さんは、早めに手を打たないと遺族が痛い目に遭いかねません。

73 なぜ日本だけハンコが重視され使われているのか？

印鑑や印章、ハンコは、すべて同じ意味のもの――と思っていないでしょうか。

実は棒状のハンコが印章と同じ意味で、ハンコと印鑑は別物でした。契約書などに押されたハンコの印影を「印鑑」と呼ぶのであり、「印鑑を押してください」という言い方は誤用で、「ハンコを押して」もしくは「印章を押して」が正解だったのです。


ところで、ハンコは中国で生まれ、日本には奈良時代から貴族の間で広まり、現在に到っています。中国、台湾、韓国では今でもハンコは使うことはあるものの、**「印鑑登録制度」が残り、「実印」などと呼び重視するのは日本だけ**です。なぜ、日本だけにハンコ文化が息づいているのでしょうか。サインでもよさそうなのに不思議な謎なのです。

身分証明書の顔写真や指紋認証といった本人確認の方法は、技術の発展で飛躍的に進歩しているのに、「実印」だけが重要視されるのは不可解でしょう。

実印と印鑑登録証明書の2つが必要になるのは、公正証書作成時や法人設立時、会社の役員変更時、不動産取引における契約書作成時などです。印鑑登録制度ができたのは明治時代です。地方自治体が、氏名、住所、性別の情報とともに印影を登録し、印鑑カードを交付します。個人が印鑑証明書を取得する時に印鑑カードが必要になるわけです。

この制度のメリットは、本人確認時にその信憑性《しんぴょうせい》が高く担保されるから——といわれます。しかし、代理押印も慣習的に行われており、これは同時に印鑑カードや実印が第三者の手に渡ると、いくらでも「本人成りすまし」が可能という危険なデメリットでもあります。こうなると、手続きが面倒臭い割に厳格性に欠けるといわざるを得ません。

しかし、日本では昔から、契約書類などに署名したのち、いよいよハンコを押す段になると、何ともいえない緊張ムードが漂うといった側面もあるものです。つまり、**責任感が自覚される効果がある**わけです。こんな空気もハンコがなくならない不思議要因かもしれません。未解明ですが、印章業界も縮小気味でもまだ生き延びられるゆえんです。

74 なぜ世界の先進国ではベジタリアンが増えているのか？

ベジタリアンは「菜食主義者」と訳されますが、ベジタリアンにはいろいろなタイプがあります。牛肉や豚肉は食べないけれど鶏肉は食べるとか、肉類は食べないけれど魚肉は食べるとか、肉類も魚類も食べないけれど、卵や乳製品は食べる……などです。

肉、魚、卵、乳製品など一切の動物性食品を食べないという「完全菜食主義者」の場合は、ビーガンと呼ばれます。ビーガンの中には過激な菜食主義者もいて、欧州では肉屋を襲撃する人もいるようです。衣類なども完全植物性由来のものしか身に着けないという人も増えているそうですから、宗教のような趣すら感じさせます。

人間は昔から雑食なのに、なぜ、このような人たちが近年増えているのでしょうか。日本人から見ると、不思議であり、欧米先進国のベジタリアンの増加は、非常に謎めいてくるのです。アメリカでは、人口の６％程度がベジタリアンで、イギリスは３％程度、ドイツは10％、スイスは14％、イタリアは10％、オーストラリアは11％などと言うのですから驚かされます。今まで肉食にどっぷり浸かっていた国々が、ベジタリアンになっているからです。このうち、完全菜食主義者のビーガンになる人も増えているようで、欧米にはビーガン専用のレストランまで普及してきていたのでした。

なぜ、ベジタリアンやビーガンが増えるのでしょうか。いくつかの考え方があるようです。**米国では3人に1人以上が肥満で、肉食中心の食文化が見直され菜食の奨めが浸透してベジタリアンが増えた**ようです。これは「食の改善」に相当する考え方でしょう。

欧州でも、底流には同じように「食の改善」があるものの、動物は生きているから、食べるのは残虐行為に等しいという「命の問題」が深く関わってきています。

しかし、「命の問題」となると難しいものがあるのです。捕鯨禁止の問題ひとつとっても、日本人には首を傾げたくなるほどのデリケートなテーマだからです。では、植物には「命がない」と考えてよいのでしょうか。植物だって「痛み」を感じる作用があるかもしれないのです。植物なら殺して食べてよいのか——という未解明の謎になるのです。

75 なぜ「かけ声」の力で運動能力が向上するのか？

オノマトペとは、フランス語で擬音語や擬態語のことです。世界の言語の中でも、日本語には非常に多く使われています。なぜ日本語に多いのか——というと、日本語の音節が短いため、より状況を正確に伝えるために動詞に付随して発達したそうです。「教室がシーンとなった」「雨がバシャバシャ降った」「赤ちゃんがニッコリ笑った」など、たしかにオノマトペを使うと、状況がとてもよく伝わる効果があります。

また、「体がグニャグニャだ」などとオマジナイを唱えると、本当に体が柔らかくなったようにも感じます。「バシッと決めるぞ」と心で念じると、気合がみなぎります。

こういう形で使われるオノマトペは、スポーツ分野での「シャウティング効果」にも通じています。スポーツ競技を観戦していると、**選手が「ここぞ」の場面で、独特な「かけ声」を発している**ことに気づきます。スポーツ版オノマトペです。スポーツ科学ではこれを「シャウティング効果」と呼びますが、なぜかけ声を発すると、瞬発力が強まったり、能力が向上するのか、多くの研究が行われるも、詳細は未解明なのです。

スポーツ分野でなくても、日常生活で私たちは、力が必要な場面で声を上げるものです。椅子から立ち上がる時に「よいしょっと」、重いものを持ち上げる時に「うんこらさ！」などとやっています。経験則でも声を上げたほうが、力が込めやすいことを知っているからでしょう。フランスのリヨン大学のスポーツ測定では、**「ジャンプ！」とかけ声を上げながら飛び上がると、声を出さない時より平均5％高く飛べるようになった——**という実験結果も報告されています。

こうしたシャウティング効果は、「かけ声」によって脳が神経や筋肉に指令を与える時の運動制御のリミッターを外させ、筋肉の限界値を発揮させるから——ともいわれます。

しかし、「頑張るぞ」「やるぞ」といった言葉を心で念じた時よりも、なぜ「かけ声」のほうが効果が上がるのか、脳機能との関連作用など、まだまだ未解明の謎なのです。

76 夫婦の老後生活資金はいくらあれば足りるのか？

１９６３年、日本にはたった１５３人しか、百歳以上の高齢者はいませんでした。それが、２０１７年には６万７０００人です。１９６０年の日本人男性の平均寿命は65歳でしたが、２０１８年には81歳です。女性は87歳にまで延びています。

厚労省の17年時点の「簡易生命表」から、同年生まれの人の生存率を見ても、90歳でも男性の25％、女性の49％が生きています。95歳でも男性の９・１％、女性の25％が生きているのです。日本人はものすごく長生きするようになっています。

昔は、定年退職したあとの老後が短かったものの、今日老後は、年金受給開始に合わせて定年が65歳に延びてなお、その後の20年～30年が当たり前になってきました。

年金が受給できても、金額の少ない人は、他によほど潤沢な貯えがないと「貧困老後」に陥るゆえんです。実際、２０１７年５月時点の生活保護受給世帯１６４万世帯（２１

3万人）のうち、約53％が65歳以上の高齢者世帯で、うち9割が単身世帯です。

家計調査のデータから、夫婦の老後生活に最低限必要な月額は、27万円とされます。たまに外食や旅行を楽しむといった、少しゆとりのある生活には、37万円が必要とされます。夫がずっと厚生年金加入のサラリーマンだった場合の夫婦2人世帯の平均年金受給額は約19万円ですから、最低生活費にも月額8万円が不足し、少しゆとりのある生活には18万円も不足しています。65歳から働かずに年金生活に入るとすると、年間最低96万円もしくは216万円が必要になるわけです。年間96万円で25年間の場合2400万円、年間216万円で25年間なら5400万円が不足額になります。

このため、老後資金に3千万円や5千万円の貯蓄が必要というのですが、健康で働き続けられれば年金不足分ぐらいは補えます。問題は自分や家族が病気になったり、成長した子供がニートになって家に引きこもると、貯えがあっても安心できないわけです。

いくら貯蓄があればよいか——は結局、**誰にとっても死ぬまで未解明の謎**なのでした。

77 なぜ「無駄金」の塊である生命保険に加入するのか？

家計支出で住宅ローンの返済に次いで大きい出費が生命保険料の支払となっています。生命保険文化センターの調査によれば、2016年の一世帯当たりの生命保険の年間払込額（個人年金保険の保険料含む）の平均は、38万5千円（月間3・2万円）でした。払込額がピークだった97年には67・6万円でしたから（月間5・63万円）、相当減ったといえ、日本人は相変わらずの保険好きで、この額は世界でも突出しています。

かつてメディアの中では唯一、毎日新聞だけが「日本の生命保険料は、欧米の同内容の商品と比較して2～3倍高い」という趣旨の記事を書きました（01年8月5日付）。こんな記事を目にすることは滅多にないでしょう。マスメディアにとって保険会社は、広告を垂れ流してくれる重要スポンサーだからです。保険の否定はＮＧになります。

日本の生保がなぜ非効率なのかといえば、30歳男性の死亡保険3千万円、期間10年・

特約ナシの商品で見ても、月額保険料7千円のうち、実際の補償に回る純保険料は35%程度の2450円分しかないからです。残りの付加保険料4550円が保険会社の粗利になっています。つまり毎月の保険料の65%が、代理店への手数料やら宣伝広告費やらのコストや利益に消えているのです。保険料が半額程度のネット生保でも、純保険料はせいぜい77%、付加保険料が23%です。そのせいで乗合い型の「保険見直し」をアピールする代理店や銀行が販売する際の手数料もボッタクリが続けられます。

なぜ、こんな無駄金の塊である保険に人々は加入するのでしょうか、「事故や病気の時の万一」への備えを過大に見積もるからでしょうか、未解明の謎は深まるばかりです。

実は、**営利目的でない都道府県民共済に加入するのが一番コスパがよい**ことを知っておきましょう。共済の草分けの「埼玉県民共済」は県民の2・5人に1人が加入し、代表的な「医療・生命共済」は一口・月額2千円ですが、割戻金が48%もあるので実質月額1千円です。これで入院1日8千円、事故死亡1千万円、病気死亡4百万円となります。共済は、純保険料に相当する部分が97%以上もあるからおトクなのです。

78 なぜ「スマホ料金」は高すぎるのか？

サラリーマン家庭で、大手キャリアのスマホを家族全員で使っていたら、大変な出費です。安くても1人7千円〜1万円程度なので、3人家族なら合計2〜3万円。年間にしたら24万〜36万円です。ガラケーなら我慢できた費用が、スマホ時代は一段と高くなっているのです。なぜ、こんなバカ高い料金が常態化してしまったのでしょうか。

スマホの登場以来、大手キャリアは好業績を上げ続けています。2017年度決算を見てみましょう。ソフトバンクの売上は9兆1587億円で営業利益は1兆3038億円、NTTドコモは同4兆7694億円で同9733億円、KDDIは同5兆419億円で同9627億円でした。いずれも営業利益率は2桁で、ソフトバンクが14％、NTTドコモが20％、KDDIが19％と荒稼ぎ状態です。日本を代表する企業のトヨタでさえ、8％の営業利益率なのに、公共の電波を独占的に割り当てられている企業が、回線維持に莫大な費用を負担してきたとはいえ儲けすぎでしょう。なぜ、こんな大手3社が、暗黙の談合のような状態になっているのでしょうか。謎は深まるばかりです。

すでに、この状態をマズイと認識した総務省は、重い腰を上げて大手キャリアの実質ゼロ円のスマホ販売を禁じたり、2年縛りの是正を行政指導しました。また、格安スマホを提供するMVNO（仮想移動体通信事業者）の成長を後押しして、すでに700近い業者も生まれています。しかし格安スマホなら、大手キャリアの半額以下ですが、近年は大手キャリアの顧客流出防止策が利き普及も伸び悩みます。これも不思議なのです。

大手キャリアの各種サービス付加の目くらまし料金も効いているようですが、高い既存スマホをどんどん解約するかというと、そうはなっていないからです。最近では**官房長官もスマホ料金が高すぎると大手キャリアの寡占状態に苦言を呈しました。**しかし、民間企業の価格だけに簡単には下がりません。そんな現状に風穴を空ける意味でも、まだ料金体系は不明ですが、今後参入予定の楽天スマホには期待したいところです。

79 なぜ原価率4割以上の飲食店チェーンが存続できるのか？

一般に飲食店の原価率は30％以下に抑えるのが定石です。でないと人件費、家賃、水道光熱費などが売上をオーバーして赤字になるからです。しかし、ファストフードの代名詞といえるハンバーガー、牛丼、回転寿司店では、**看板メニューの原価率が軒並み4割を超えています。** これはものすごく不思議なことです。未解明の謎といえます。

たとえば、ハンバーガーは、バンズ（パン）10円、肉18円、野菜10円、ソース7円で、合計45円となり、100円で提供すると推定原価率は45％です。

牛丼は、牛肉80円、タマネギ6円、たれ30円、御飯40円の計156円となり、並盛380円で提供すると推定原価率は41％です。回転寿司の場合はもっと高く、ウニが85円、マグロ75円、いくら70円、ハマチ64円、サーモン64円、ヤリイカ54円で、これらを100円で提供すると、原価率はそのままの数字になります。

これはすごいことでしょう。飲食店経営の常識である3割の原価率をゆうに超えて経営を成り立たせているのですから。**規模のメリットだけでは説明不可能**で謎なのです。

ただし、100円の回転寿司店は近年ものすごく少なくなりました。原価率が高いと営業利益率が低空飛行となるため値上げしています。実際牛丼チェーン店は軒並み1％台がやっとです。ところが、ハンバーガーチェーン店や回転寿司店は5％を超えます。

この違いはどこにあるのでしょうか。実はサイドメニューが充実しているかどうかがカギを握ります。牛丼店はサイドメニューにメリハリがなく利益率がギリギリです。牛丼店は味噌汁15％、豚汁20％、しじみ汁20％、生卵20％程度しかないからです。

いっぽう、ハンバーガー店のサイドメニューは豊富で原価率はドリンク2〜5％、ポテト3〜5％、ナゲット9％です。回転寿司店でも、ツナマヨ10％、かっぱ巻き10％、たまご20％、エビ25％です。原価率の低い商品との組み合わせが多いほど、粗利ミックス戦略で利益が多く生まれます。看板メニューの高原価率をこれで補っていました。

未解明の不思議

80 なぜ利益率2〜3%で「金券ショップ」は営業できる？

金券ショップは古物商の分類になります。

古物商とは、中古品や新品を売買・交換する業者のことです。盗品や偽造品が換金目的で持ち込まれるため、所轄署での法令講習を受け、公安委員会から許可を得た業者なのです。持ち込まれる品の目利きが必要になる、なかなか難しい商売といえます。

ところで、金券ショップは、リサイクル業者や古着屋といった利益率の高い古物商の中でも、最も粗利率の低い業態です。何しろ、額面の94%で買い取った金券を97〜98%で販売するなど、**たったの2〜3%の差益しか見込めない商売**だからです。

なぜ、こんなにわずかな利益率で商売が成り立つのでしょうか。未解明の謎なのです。

要諦は薄利多売にあります。1日の売上が100万円あれば、3%の粗利で3万円、売上が200万円あれば6万円になります。たとえ、1日3万円の粗利でも月に25日稼働すれば75万円、1日6万円なら150万円の月商になります。ここから人件費と家賃を差し引き黒字なら、立派に商売として成り立つわけです。近年はネット売買もありますが、このビジネスは駅前の人通りの多い繁華街に店がないと成り立ちません。一人当たりの客単価が1万円以下なので、薄利多売が必要だからです。

駅前の一等地に店を構える場合でも、金券ショップの商品は金券なので在庫もかさばらず、**店舗スペースは1~3坪もあればよい**ので、半端な小スペースを借りられれば家賃も安く抑えられます。仕入れのメインはお客からの買い取りになります。

欠品が多いと客足に響くため、新幹線チケットの在庫が少なければ、みどりの窓口で自前で揃える場合もあります。繁忙時間は会社員の昼休み時間と夕方です。お客が殺到する中、つり銭を間違えたり、盗品や偽造品を買い取ったりしないよう身分証チェックなどには神経を使います。この業態は犯罪防止の意味合いから横の連携が密です。売れない金券もお互いに融通し合い処分しています。横の連携がモノをいう商売なのです。

未解明の不思議

第5章

世の中の不思議

81 格差社会はまだまだ広がるのか？

格差社会とは、収入や財産などで人々の間に序列が生じ、富裕層と貧困層といった階層が明確に分かれ、固定化していく社会のことをいいます。かつての日本では戦後の高度経済成長期の1970年代に、日本人の大多数が中間層の一員という認識がもてた「一億総中流社会」という幸せな時代がありました。しかし、80年代後半のバブル経済が崩壊し、経済的危機に陥った90年代を通じて、経済のグローバル化の進展とともに格差社会はひろがります。グローバル化は、世界中での激烈な経済競争に他なりません。**賃金のより低い国でのコストダウンを図った生産活動でないと生き残れない**からです。

ゆえに日本国内の企業活動においても、人件費の圧縮が急務となります。企業は正社員を減らし、いつでも解雇でき、賃金の低い非正規労働者を多く採用しコストダウンを図りました。これが低賃金で働く貧困層を膨らませ、格差社会を形成させてきた主な原因です。そのため、人手不足になると賃金が上がるはずが、不思議なことに上がらない日本にしたのです。企業は人件費圧縮で内部留保を貯め、17年度末には過去最高の446兆円まで膨らませます。労働分配率が66％台と歴史的水準に下がったゆえんです。

格差社会が問題なのは、貧富の格差が固定化することです。貧しい家庭に生まれた子供は高等教育を受けられず、低賃金労働者として働くことを余儀なくさせられます。貧困層の子供は一生貧困のまま人生を終えるわけです。貧困が代々連鎖するのは、公正な競争も平等な機会も与えられない差別的社会といえます。こうした**格差社会をなくすには、税や社会保障の再分配政策が非常に重要**です。格差の度合いを測る尺度には「ジニ係数」があり、これは0に近いほど収入が平等に分配されており、1に近づくほど不平等な格差社会を表わします。日本はすでに0・34です。中国やインドは暴動が起きる水準ともいわれる0・4を超え0・5です。米国は0・39、英国0・35、ドイツやフランスは0・29、北欧4国は0・28～0・26です。未解明の謎ながら、近い将来、AIや自動化が本格的にすすめば、賃金はさらに圧縮されそうな状況なのです。

未解明の不思議

82 日本も「ベーシック・インカム」を導入すべきなのか？

「ベーシック・インカム」という最低所得補償制度があります。

このベーシック・インカムの導入の是非については、近年世界中で議論がまき起こっています。背景には、グローバリズムによる格差拡大、相対的貧困層の拡大があるからでしょう。さらにはＡＩの進化や自動化推進による将来の貧困層拡大への懸念や、社会保障費（年金・医療・介護、生活保護などで２０１８年度の見込みでは１１５兆円。うち医療費が42兆円）などのコスト増大への危機感もあるから——といわれます。

ベーシック・インカムは、貧富の差といった給付条件を問わず、すべての国民に一定額を毎月あるいは毎年支給する制度のことをいいます。当然ですが、**その給付額が大きいほど莫大な財源も必要**となります。ただし、導入に際しては医療を除き、年金や失業手当、生活保護などを廃止することが前提になっています。つまり、ベーシック・インカムだけに一本化するので、こうしたコストや複雑な事務に要する人員も削減できるメリットもあるわけです。支給額の議論で多いのは、大体月に一人5～8万円あたりですが、国民年金の満額支給額が6万5千円なので、そのへんの相場観になるようです。しかし、生活保護費より低いのでは厳しい金額ともいえます。いっぽうすべての国民に支給されるのであれば、出生率が上がるのでは――という楽観的な期待もあるようです。

ただし、**実際にこの制度を導入している国はまだありません。**2017年1月からフィンランド政府が2年間を限度に、無差別に抽出した失業者2千人に対して、毎月560ユーロ（約7万円）を支給する実験を行いましたが、失業者の就業意欲の高まりといった有意な効果も見出せず終了しています。その他の一部の国でも実験が行われていますが、短期間にメリットやデメリットを見出すのは非常に困難とも指摘されています。

日本でも導入できるのか――といえばもちろん未解明なのです。ただし、「いざ実験だけでも」となっても賛否両論かまびすしく、容易に行えないことは想像できるでしょう。

83 アベノミクスはどうなっているのか？

アベノミクスは、第2次安倍内閣（2012年12月～）が掲げた経済政策です。

日本は90年代以降バブル崩壊後の金融危機を経て「失われた20年」というほど長期の経済停滞に見舞われています。とりわけ97年以降日本は恒常的なデフレに陥り、ここから脱却しない限り、景気回復もままならない――という状態に陥りました。

そこで、第2次安倍内閣が打ち出したのが**「アベノミクス」**でした。

長期のデフレからの脱却と名目経済成長率3％を目標とし、その実現のために「大胆な金融政策」「機動的な財政政策」「民間投資を喚起する成長戦略」という3本の矢を主軸にアベノミクスを推進しました。しかし、どれだけ達成できたかは未解明なのです。

アベノミクス効果を印象付けたのは、日銀に行わせた「大胆な金融政策（異次元緩和）」でしょう。1ドル70円台まですすんだ円高を110円台水準まで円安に戻し輸出大企業に貢献したからです。これによって輸出大企業は息を吹き返しました。ただし、日銀の目標インフレ率2％は、5年以上金融緩和を続けても到達できていないのです。

それどころか、ここにきて、日銀のマイナス金利の副作用が金融機関にまで現れ始めています。金利が低すぎて業務純益を上げられないからです。日銀は金融市場から国債を買い入れ、マネタリーベース（市中の流通現金と日銀の当座預金の合計値）は3・6倍に増やしましたが、肝心の世の中のお金の総量のマネーストック（M3）は1・16倍とほとんど増やせなかったのです。さて、これから先どうなるかは未解明の謎です。

たしかに安倍政権は、日銀によるETF（上場投資信託）買い入れや、公的資金投入（年金）で株価を押し上げ、法人税減税で大企業中心に支援を続けました。大企業は史上空前の利益を上げ、その内部留保は2017年度末で446兆円になります。結局アベノミクスは大企業優先の経済政策で、国民の所得増加までには到っていないのです。「経済の好循環」は起きず、日銀は出口が見出せない――という不気味さが漂っています。

84 日本は少子高齢化でこれからどうなるのか？

146頁で解説しましたが、少子高齢化とは、出生率の低下で子供の数が減少することと、寿命が延びて高齢者が増加することを指します。日本ではこの2つの現象が同時に起こっています。高齢化は医療の進歩によるものですが、**少子化の本当の原因は未解明**です。

そのため総人口も労働人口も年々減少します。2017年に生まれた子供の数は94万6千人、合計特殊出生率（女性が生涯で生む子供の数の平均）は1・43でした。死亡数は134万人なので自然増減が39万4千人の人口減少となりました。さらにこの先、人口減少は加速していきます。日本人女性の平均寿命は87歳、男性は81歳ですが、1950年の女性の平均寿命は61歳、男性は58歳だったので相当長生きになりました。総人口の減少は、労働人口も減少させ、GDP（国内総生産）は縮小します。

そして、総人口に占める高齢者の比率が大きくなればなるほど社会保障費は増大します。高齢者が増えると、年金の受給期間が延び、現役世代からの仕送り方式（賦課方式）で賄われている現行制度の年金は、過去の積立金を食いつぶし、このままではいずれ近い将来の枯渇が懸念されます。したがっていずれ、年金受給開始年齢を現行の65歳から、70歳や75歳へと引き上げざるを得ず、受給額そのものも減らさなければならなくなるはずです。高齢者の増加は日本の医療費の増加にも直結しています。２０１７年度は42兆円を突破しました。医療や年金だけでなく、介護や生活保護といった社会保障費全体が膨れ上がり、今後は国民負担も増加の一途を辿ることになります。

日本国全体がダウンサイジングし、活力が失われた社会になるのは確実でしょう。

しかし、日本国民に危機感はあまりないようです。もう手遅れでなるようにしかならない――といった諦観の境地で「ゆでガエル」のようなのです。ＡＩや自動化が、人口減少問題を解決してくれるかも――といった漠とした希望もあるのかもしれません。

しかし、近未来が未解明である以上、今後は相当過酷な「自助努力」が求められます。生涯働ける健康長寿を目指し、稼ぐ力を鍛え続けなければいけません。

85 なぜ日本の政界には「世襲議員」が多いのか？

日本の国会議員は707人（衆院465人・参院242人）ですが、4人に1人が世襲議員です。衆議院だけで見ると、3人に1人が世襲で、自民党に限れば4割が世襲なので石を投げると大抵当たります。ここでいう世襲議員の定義は、議員本人と配偶者の3親等内に国会議員、地方議員、地方首長などがいた場合です。日本は世界でも突出して世襲議員の比率が高い奇観を呈しています。これは地方議員も同様です。世襲だらけの国会議員に地方議員というわけです。しかし、闇雲に世襲議員がケシカランとはいえません。選挙というフルイにかけられた立派な選良だからです。

日本の有権者はよく知らない候補者よりも、**昔から地元で馴染んでいる著名議員と名前が同じだとか、顔が似ている人に親近感を覚え世襲候補者に票を投じる傾向が強い**ようです。これは心理学でいう「ザイアンスの法則」に適っているともいえます。

ただし、世襲議員ばかりが増殖すると、本当に有能な人が選挙で選ばれなくなる弊害があります。選挙は昔から、「**地盤**（後援団体組織など）」「**看板**（地元での知名度）」「**カバン**（資金力＝世襲議員は政治資金団体の資金を無税で継承できる）」の3バンが大事ですが、この3つが有利に働くゆえに世襲議員が当選しやすくなります。また、現職議員が自分の子息に適性や能力があろうとなかろうと自分の後継者にしたがるのも議員職がオイシイからでしょう。国会議員になれば、政治権力・高額報酬・高待遇が一気に手にできます。さらに世襲議員同士は、親の縁からの身贔屓もあって党内出世も早まります。

このように考えると、世襲議員の要諦は、ひたすら「一族の繁栄」に他なりません。国家・国民よりも一族の世渡りが大事になるわけです。そうなると、表向きの公約よりも政治献金になびき、世の中を歪めやすい存在ともいえるでしょう。大多数の貧乏な国民をテキトーにあしらっても、支配階層の思惑に忠実になったほうが保身になります。しかし、そんなことがわかっていても、それでも日本国民は世襲議員を当選させます。これはもう本当に不思議なことなのです。未解明の謎というよりないわけです。

86 なぜ「消費税率」だけが上がり続けるのか？

慢性的な財政赤字に悩む政府は、1989年4月に3％の消費税を導入、さらに97年4月から5％に税率をアップしました（うち1％は地方消費税）。また、2014年4月からは8％（うち1・7％は地方消費税）にアップし、その後2度にわたって時期を延期して、ついに2019年10月から10％に引き上げようとしています。

日本の消費税は、別名付加価値税とも呼ばれ、所得税や法人税のように、稼ぐほど税率が上がる累進構造ではありません。そのため、**所得の低い人にとっては負担の比率が重く、逆進性のある不公平な税という指摘**もあります。しかし、政府は全国民が平等に負担する公平な税と称します。貧乏な人ほど負担が重いのが消費税なのに不思議です。

日本では、89年に3％の税率で初めて導入し、翌90年度の税収は、60兆円の過去最高額となったものの、実はそれ以降今日まで一度も、この税収額を超えることなく推移してきています。そして毎年不足する歳入は、国債発行で賄って借金を累積させてきたのはご承知の通りなのです。なぜ、税収が増えていかないのでしょうか。

実は消費税を導入したのに、税収額が90年度の水準を未だに超えられない理由は、景気の悪化で税収が減ったこともありますが、所得税率や法人税率を下げたことが大きく影響しています。法人税率は、世界的潮流として税率が下がったため、日本も追随せざるを得ない側面もあったでしょう。しかし、所得税や法人税を下げた穴埋めで消費税率を上げるというのでは高額所得者や大企業優遇策でしかありません。

付加価値税率の高い北欧諸国では、医療費や大学の授業料が無料など、社会保障体制が手厚いために国民の納得度も高い税制になっています。日本の場合、消費税率を闇雲に上げていく前に、社会保障費の抜本的見直し、歳出削減の徹底を行うべきなのに財政規律は緩みっぱなしです。日本は消費税率を上げる度に消費が鈍り、景気を押し下げ、結局税収を減らす愚を繰り返しているだけで、未解明の謎という他ないのです。

87 なぜアメリカは中国に「貿易戦争」を仕掛けているのか？

GDP世界1位の米国と、第2位の中国が「貿易戦争」を行っています。

米国は70年代以降、恒常的に貿易赤字が続いています。08年のリーマン・ショックで一時縮小しましたが、その後も拡大が続きます。貿易赤字とは、輸出よりも輸入が多いことですが、米国の通貨が強く、経済が好調で消費が活発だからでもあるのです。

「赤字」といっても、外国から借金しているわけでもないのです。

しかし、トランプ大統領は、貿易赤字が米国の経済成長を抑制させている——として嫌うのです。たしかに、米国のラストベルト（錆びついた一帯）と呼ばれる工業地帯は、安い輸入品に押されて製造業がダメになっています。トランプ大統領は、こうした地域の労働者にも仕事を取り戻す——と公約しました。それゆえに、米国に工場を取り戻すべく、米国の貿易赤字の半分強を占める中国を標的に貿易赤字を減らせと脅し、高率関税を課して貿易戦争を仕掛けたといいます。しかし、これだけが本当の理由でしょうか。

米国の2017年の貿易赤字額は、5660億ドルでした。そのうち中国が66％を占めます。次いでメキシコの13％、日本の12％と続きます。確かに中国の赤字分は大きいでしょう。貿易赤字を減らすには、輸入を減らすか輸出を増やすしかありません。

しかし、輸入を減らすべく輸入品に高率関税を課すと、輸入品が値上がりして、やがて米国の消費者にも影響が及び、消費を減退させて景気を冷やしかねません。

また、中国も報復で米国の農産品に高率関税をかけたので米国の農業生産者が打撃を受けています。**高率の関税をかけ合う泥仕合は、世界の貿易量を減らし、経済を停滞させる**わけです。かつて第2次大戦を招いたブロック経済の二の舞にもなりかねません。

結局、なぜトランプ大統領が貿易戦争を仕掛けたか――の真相は諸説あって未解明の謎のままですが、中国が米国の知財やハイテク技術を盗んで成長しないよう大打撃を与える――というのであれば、これはもう世界経済はまだまだ迷走していくのでしょう。

未解明の不思議

88 なぜ日本は経済成長が出来なくなったのか？

GDP（国内総生産）は、日本国内で新たに生み出された付加価値の総和です。日本国内でモノやサービスがどれだけ生み出されたかの指標となります。

ところが、日本のGDPは90年代後半から、ほとんど伸びずに一進一退で、ほぼ500兆円どまりで停滞しています。米国や中国の伸びが著しいのはご承知の通りですが、ドイツやフランス、イギリスなども伸びは緩やかながらも成長を続けています。この傾向は一人当たりGDPの伸び率でも同様なのです。

日本だけが停滞しているために、**95年にはGDPの世界シェアで18％も占めていたのに、18年の予測シェアではたったの5・2％にまで縮小**しています。経済成長がほとんど止まっていることが窺えますが、原因は何でしょうか。諸説あって謎なのですが、GDPの6割を占める国内消費がデフレで盛り上がらないことも大きいでしょう。

これは、実質賃金が増えないこととも関係しています。消費税率の上昇も可処分所得を減らすのに影響したからです。国民の懐がどんどん寂しくなってきているわけです。

また、15歳から65歳未満までの生産年齢人口の縮小も大きいでしょう。80年代の労働者は年間2000時間も働いていましたが、今では1800時間程度と働く時間も大幅に減っていることになっています。既述の通り、人手不足でも賃金が上がらないサービス残業の国となったうえに、政府は消費税率を上げようとし、いっぽうで事実上の移民解禁というデフレ政策をとる――というわけのわからないことになっています。


かくして日本のGDPは伸びなくなりました。近年貧乏になった日本人は、リサイクル需要旺盛で、メルカリなどのフリマアプリを生み出しましたが、古物売買は新しい価値を生み出したことにはならず、仲介手数料はカウントされても、GDPには算入されません。中古品が国内をぐるぐる回っても経済成長とはならないからです。

かくして、未解明の謎なのですが、日本経済は成長できずに縮小するのでしょう。

89 なぜ「日本の借金」は膨らむばかりなのか?

日本政府の借金総額は、2017年末で1085兆7537億円になりました。政府は財政赤字の穴埋めに毎年国債発行という形の借金を重ねてきたため、こんなに総額が膨らんだのです。もはや「返せない借金の額」ともいわれますが、未解明の謎なのです。

ところで、このまま借金が増え続けても、国債は日本国内の円貨で消化されているから大丈夫という専門家がいます。17年末の家計の金融資産が1800兆円あり、対外純資産も328兆円の世界一金持ち国なので、まだ心配ないという見立てなのです。

反対に、いずれ国内での買い手(金融機関など)がいなくなると国債が暴落し(金利急騰)、ハイパーインフレで超円安が襲い、国家破綻するという専門家もいます。

なにしろ、元締めの財務省ですら、国内向けには、消費税を上げたいために財政の危機感を煽り、海外向けには日本の財政は健全——とアピールする二枚舌ぶりです。

いったいどちらが正しいのでしょうか。これまた未解明の謎となっているのです。

しかしながら、やはりこのまま際限なく借金総額を膨らませてよいのかといえば、NGでしょう。あくまで借金なのですから。**借金のGDP比率は2018年時点で、敗戦直後の200%を上回る236%**となっています。世界の歴史を見ても、永遠に借金を増やし続けた国はありません。返さないといずれかの時点で国家の信認が失われ、通貨暴落でハイパーインフレに見舞われる――といった事態を招きかねないからです。

日本では、敗戦後の占領下、急激なインフレで戦時国債は二束三文の紙くずになりました。そのうえ政府は、新円切り替えでの預金封鎖や金融資産課税の導入で国民の財産（預金や土地）を奪うことで財政を立て直した前歴さえあります。

つまり、放置プレイは禁物なのです。政府が「プライマリーバランス」の黒字化を真剣に考えないと、「いつか来た道」を辿ることになるからです。

どうやって返すかは未解明の謎なので、注意深く見守っていく他ありません。

90 なぜ「マイナンバー制度」が始まったのか？

2013年5月に安倍政権下で成立した「マイナンバー法」は、15年から個人番号通知カードを配り、16年1月から税金（所得税・住民税）、社会保障（年金・健保・雇用）、災害（被災者台帳作成）の3分野に限り、「紐付け」しての運用開始でした。自治体に個人番号の申請を行えば、身分証代わりの写真入り個人番号カードも交付されます。

なぜ、こんな制度を導入したのでしょうか。謎は深まるばかりです。

この制度は、かつて国民の反対で何度もとん挫した「国民総背番号制度」の導入に他ならず、2012年に民主党政権が提出した法案（解散で廃案）をベースに安倍政権が成立させたものです。「マイナンバー」などと親しみやすい名称ですが、「国民監視制度」のスタートに他ならないという指摘もあるのです。本当でしょうか。

安倍政権は、他の先進国でも共通番号制度が導入されているような印象操作を行ってうまく成立させましたが、やはりこれは、巧妙なまやかしだったようなのです。

米国では、税と社会保障のみ限定の上で選択制でした。それでも情報漏洩や成りすまし犯罪を急増させました。イギリスは、**06年に任意加入でIDカード制を始めましたが、政権交代でプライバシー侵害の悪法として廃止**しています。

ドイツやイタリアは税務識別のみの共通番号となっています。日本のように預金とリンクさせたり、これから様々な分野の「紐付け」を増やす狙いが透けて見えるのは、日本のマイナンバー制度だけなのです。そのうち情報漏洩が起きる可能性もあるでしょう。

すでに閣議決定によって、18年1月から預金口座へは任意でのマイナンバー提示を求められます。近い将来は強制になるのでしょう。今後は不動産の登記情報、医療情報、勤務先や戸籍、家族構成といった個人情報との「紐付け」も視野に入ってくるはずです。

要するに行政サービスの向上などでなく、政府が財政破綻時に国民の財産を奪うための「預金封鎖・金融資産課税」の下準備――といった不透明な懸念が深まるばかりです。

91 なぜ「定額制サービス」が広がっているのか？

近頃、「サブスクリプション」という言葉を聞く機会も多いでしょう。これは従来「定額制」といわれていたサービスの英語版です。英語本来の意味は「予約支払」や「予約購読」でしたが、今では定額制サービスを指すようになってきました。モノを買い取ることなく、モノの利用権を期間に応じて支払う方式なのです。たとえば、毎月800円からテレビ番組や映画が見放題になる米国発祥の「ネットフリックス」や、NTTドコモが始めた200誌以上の雑誌が読み放題になる「dマガジン」が有名でしょう。

なぜ、こうしたサービスが増えてきたのでしょうか。未解明の謎なのです。

モノを購入し所有する——という形態から、近年は共同使用でシェアする——という方法が急速に広がってきました。これはスマホで簡単に課金できるなどの技術革新の賜物でした。そこに定額制モデルがリーズナブル——という価値観がお客にフィットしたともいえるのです。「買うより借りる」ほうが、スマートでオシャレというトレンドです。サービスを提供する側も、「モノを販売して終わり」というワンチャンスのみのビジネスモデルより、お客のライフタイム・バリューに注目するようになったことも大きいでしょう。お客を長期に囲い込み、生涯に渡ってお金が落ちる仕組みに魅力があるのです。

しかし、扱う品目によって必ずしもうまくいくとは限りません。お客に提供するモノによっては、在庫負担の重いものもあるからです。ビジネスモデル作りは、まだまだ模索が続くサービスなのです。お客に飽きられたら、そこで終わってしまうからです。

うまく回り始めたサービスには、**月額6800円からスタイリストの選んだ服が3着届く洋服レンタルの「エアークローゼット」**、**高級ブランド品が月額6800円で使える「ラクサス」**、**中古車や新車が借りられるガリバーの「ノレル」**などが注目株です。トヨタや日産も定額制に乗り出してきています。コーヒー、紅茶の飲み放題や、ラーメンの食べ放題まであり、どこまで広がるかは未解明の謎ですが、面白い時代になりました。

未解明の不思議

92 なぜ「個人情報保護法」と「探偵業」は矛盾しないのか？

2003年5月に成立し、05年4月から全面施行されたのが「個人情報保護法」です。施行後10年経った15年9月には、情報通信業の発達に伴い改正され、17年5月からは、5千人分以下の個人情報を取り扱う小規模業者も含め、すべての企業を対象に全面施行となっています。

こんな法律があるのに、なぜ世の中には、個人情報を収集し、それを売るという「探偵調査業」の存在が許されるのでしょうか。大いに不思議なことなのです。

秘密裡に特定個人に狙いを定め、尾行張り込みを駆使してその人物の素行を洗い、あまつさえ特定個人の周辺の人々からも情報を収集していくのが「探偵調査業」だからです。こんなことがなぜ許されるのでしょうか。**矛盾の極みといえる未解明の謎**なのです。

実はこの業界、昔から違法行為のオンパレードで有名でした。そのため、06年に「探偵業法」が作られ、07年からは警察署経由での公安委員会への「届け出制」になっています。そして、世の中で個人情報の取り扱いが厳しくなるにつれ、「探偵調査業」へのニーズも高まります。つまり届け出制によって憲法22条第1項の「職業選択の自由」が適用されたわけですが、あくまでも「公共の福祉に反しない限り」という制約付きの規定です。探偵調査業は公共の福祉に反しないのか——といえば、ほぼ反するでしょう。

しかし、警察庁生活安全局は、05年4月からの個人情報保護法の全面施行の直前である同年2月に「興信所業者が講ずべき個人情報保護のための措置の特例に関する指針」を通達することで、探偵調査業者に対して「必要悪」ゆえにお墨付きを与え、探偵調査業への事実上の救済措置をとったのでした。これによって、探偵調査業者は、いちいち特定個人に対し、**「あなたの身辺をこれから調査します」といった個人情報保護法の「利用目的通知」の適用を除外することが出来る**ようになりました。そのうえ、通達の条項に該当する分野に限り、ほぼ従来通りの調査業務が行えるようにしたのでした。

魑魅魍魎の不思議な措置のおかげで、探偵に依頼すればどんな個人の秘密も暴けます。

93 なぜ韓国では飲食店での「使い回し」が横行するのか？

過去に日本の新聞やテレビでも報じられているので、ご存知の方も少なくないと思いますが、韓国のマスメディアでは、飲食店側が元従業員の告発によって、「お客の食べ残し」の再利用が行われていることが、たびたび事件として報じられ、問題になります。

つまり、「料理の使い回し」です。日本では07年に大阪の高級料亭・船場吉兆が、賞味期限切れの食材を使ったり、食材の産地偽装が問題になって休業したのち、再び営業を開始したところで、今度は08年5月にお客の食べ残し料理の「使い回し」が発覚し、万事休すとなって閉店に追い込まれる——という事件が有名です。高級料亭での事件だっただけに、世間にはとんでもなく大きな衝撃を与えたわけです。

しかし、日本ではこのような「お客の食べ残し」を再利用する——などというのは、滅多に起こらない事案ですが、韓国ではなぜ、このようなことがしばしば注目を集めてしまうのでしょうか。奇妙で気持ちが悪くなる話ですが、実に不思議なことでしょう。

韓国料理を食べたことのある方なら、先刻ご存知でしょう。韓国には、注文した料理以外にも「パンチャン」といって数種類の別の小皿料理がテーブルにいくつも並べられます。これは無料サービスで沢山出す店ほどお客にも人気となります。お客のほうも全部食べるのでなく、これをわざと少しずつ残すといった習慣があるそうです。全部食べてしまうと足りなかったという意味になるので、「大いに歓待してもらい、もうお腹がいっぱいです」といった意味で、わざわざ少量だけ残すという習慣があるわけです。

飲食店にもよりますが、**この「パンチャン」の習慣が重荷になる**そうです。そこでコストを削るべく、時々お客の食べ残しを「使い回し」する店が現れるようなのです。

未解明の謎ですが、そもそも「衛生観念」が欠如した店といってよいでしょう。

一度お客の前に出した料理は、お客の唾液が飛んだり、口移しで口内細菌が付着する可能性の高いものです。未解明ゆえにそれなりの覚悟が必要になります。

94 なぜ代行業が流行っているのか？

本人に代わって何かを行う――というのが代行業です。

立派な産業にまで発展した代行業といえば、クルマの「代行運転業」がおなじみでしょう。アルコールを飲んだお客に代わって、お客のマイカーを運転し、お客を自宅まで送り届けるサービスです。飲酒運転の取り締まり強化とともに、この業界は生まれ、やがて法律まで整備されて現在の形に到っています。

代行サービスにはいろいろあります。「買い物代行」「犬の散歩代行」「お掃除代行」「お墓参り&清掃代行」「プラモデル製作代行」「行列代行」「場所取り代行」「集金代行」「仲人代行」「婚礼式典出席代行」「輸入代行」「執筆代行」「テレアポ代行」「営業代行」「恋愛告白代行」……など無数に生まれています。

最近注目を集めている代行サービスには、**「退職代行」**というのがあります。退職を代行する――とはどういうことでしょうか。本人に成り代わって、勤務先に「退職」の意思表示をすることだけなのです。

なぜ、そんなことを代行させるのか――というのが未解明の謎なのです。

勤務先会社との仲介や交渉事など、余計なことを行うと「非弁行為」で弁護士法違反になるため、サービス内容は、あくまでも本人に成り代わって「退職の意思」を伝えるだけとなっています。そして代行サービス後に、本人が「退職届」を勤め先に送ればよい――だけといいます。**相場は、正社員の場合が5万円、非正規雇用の場合が3万円ぐらい**となっています。なぜ、これぐらいのことを自分でやらずに、万単位のお金まで払って代行してもらうのか――本当に不思議ですが、人気沸騰で業者は乱立しています。

ブラック企業なので退職の意思を伝えたら、パワハラまがいに引き留められるから、お世話になった上司に退職の意思を伝えるのが忍びないから……など、代行を依頼する側の事情はさることながら、こんな代行商売が繁盛するのは摩訶不思議なのです。

代行サービスは、時代を映す鏡で、当たればまことにオイシイ商売といえるでしょう。

95 なぜ労働者派遣業は「中間搾取」に当たらないのか？

労働基準法の第6条には「何人も、法律に基づいて許される場合の外、業として他人の就業に介入して利益を得てはならない」とあります。これが**「中間搾取の排除」**規定といわれる条文ですが、労働者派遣業は、労働者の賃金を3～4割も中抜きして利益を上げているのに「中間搾取」ではないとされます。なぜなのかは、未解明の謎でしょう。

労働者派遣法は、「使い捨て労働者」を求める産業界の要請を受けた政府が、1986年に作りました。今や全労働者5460万人のうち、37％が非正規雇用ですが、派遣社員は134万人と非正規雇用労働者の6・6％を占めるまでに増えています。

現在大手の派遣会社の多くは、もともと派遣法ができる以前から、「請負業」と称して派遣事業を行っていた違法業者です。そのせいか、派遣法が出来てからも違法のオンパレードを続けてきたのがこの業界でした。禁止業種への派遣、無許可・無届営業、偽装請負、二重派遣、女性容姿のランク付け、派遣先への履歴書提示、派遣先への事前面接、マージン率の非開示など違法行為はキリがありません。そして問題が起こるたびに法改正で救われた賃金ピンハネ業種にすぎないのです。しかし、なぜ温存されてきたのでしょうか。きっと政治家への献金や豪華パーティーの供応に励んできたおかげでしょう。

労働者派遣業が、「中間搾取」に当たらないというのは、まずは「労働者派遣法」という法律を作ったことでクリア——という欺瞞《ぎまん》性《せい》が挙げられます。法律を作れば「業」として他人の就業に介入して利益を得てもよい——ことになるからです。

もうひとつ、まやかしの合法性を装っているのは、労働者派遣で派遣される個人は、派遣先との間に雇用契約がなく、派遣元（派遣会社）との直接の雇用契約にあるから、ピンハネには当たらない——という屁理屈です。労働者に対価としての報酬全額を支払っているのは派遣先なのですから、こんな詭弁はないはずです。便利な情報ネット社会に、交通費さえ支給しない派遣業者などは不要な存在です。企業は直接契約社員を募集すればよいだけだからです。こんな雇用における未解明は放置すべきではないでしょう。

96 なぜ日本の若者の投票率は低いのか？

日本では、2016年6月から、20歳以上だった選挙の投票権が、18歳以上に引き下げられました。その後の10代の人達の投票行動はどうなっているのでしょうか。

2016年には参議院選挙があり、全体の投票率は54・7％で、新たに投票権を手にした10代の投票率は、46・78％とあまり高くはありませんでした。

投票率が高い年代順にみると、60代が70・07％、50代が63・25％、70代以上が60・98％、40代が52・64％、30代が44・24％、20代が最低で35・6％でした。老人向けの政策が優しく、若者向けが厳しくなるゆえんです。

次いで2017年に行われた衆議院選挙では、全体の投票率は53・68％で、10代の投票率は40・49％とさらに下がります。もう政治にそっぽを向き始めました。

投票率が高い年代順にみると、60代が72・04％、50代が63・32％、70代以上が60・94％、40代が53・52％、30代が44・75％、20代が最低の33・85％でした。

せっかく、投票権を手にしたというのに、**10代の投票率は低調で、20代になるとさらに熱が冷めてしまう傾向にある**ことが窺えるのです。なぜでしょうか、謎なのです。

実は、20代の投票率が、どの年代よりも低いというのは、今に始まったことではありませんでした。1969年以降ずっと続く傾向だったのです。その理由については諸説あるものの未解明です。政治に関心がない、被選挙権が衆院25歳・参院30歳と投票権年齢と乖離《かいり》している、投票ぐらいで政治は変わらない無力感がある……などです。

世界には投票が義務で罰則のあるオーストラリア、シンガポール、ルクセンブルグ、ベルギーなどが、全体で90%以上の投票率となっていますが、義務や罰則がなくても全体で80%以上の投票率を誇る北欧4か国などもあります。

未解明の謎ですが、若者の政治への参加意識を高めるためには、政治献金の全面的廃止など、政治の透明性を高める工夫が必要なのかも——などと著者は考えるのでした。

未解明の不思議

97 なぜ「詐欺被害」に遭う人たちが続出するのか？

日々の暮らしが世知辛く、将来の見通しが立ちにくいご時世だからでしょうか。焦って詐欺被害に遭う人が増えているような気がします。実際、「振り込め詐欺」といった「架空請求詐欺」「還付金詐欺」「融資保証詐欺」などの「特殊詐欺」と呼ばれる事犯は、毎年のように**認知件数で1万5千件を超え、被害額も400億円前後で推移**しています。

なぜ、こんなにも多くの人達が「詐欺」と気づかずに騙されて、数百万円単位でお金を巻き上げられるのでしょうか。テレビや新聞で、さんざん報じられている詐欺事件なのですから、いいかげん引っかかる人もいなくなるのでは——と考えます。しかし、実際には詐欺被害は減らないのですから不思議なのです。未解明の謎という他ありません。

「投資」にかこつけた詐欺も少なくありません。こちらのほうは、ある程度収入も安定し、銀行から見て融資しやすい属性の高い人たちが次々と引っかかっているのです。

1億円もの大金を銀行からローンで借りさせ、シェアハウスに投資させる「かぼちゃの馬車事件」というのもありました。スルガ銀行などの地方銀行が業者とグルになり、購入希望者の預貯金残高を改竄《かいざん》した上で、堂々と億単位の金を一介の会社員に融資していたのですから世間を驚かせました。不正融資がなければ成立しない詐欺商法でした。

新築アパートを「30年間一括借り上げ保証」で建てさせる**「サブリース詐欺」**も同じ構造のスキームです。サブリースとは、又借りのことですが、アパート販売業者が借り上げて、入居者募集から管理運営まで一括して行うから安心と謳《うた》い、相場よりバカ高い金額でアパートを売りつけ、大家さんになって安心老後や相続対策にしましょう——という詐欺商法です。こういう投資で騙された人たちは残念ながら、「事業者扱い」で消費者保護の対象にもなりません。騙される理由はいろいろでしょうが、営利目的の業者を全面的に信じ、すべてをお任せにするという「欲深な時点」でアウトでしょう。

他人があなたを闇雲に儲けさせてくれるわけがない——と思うべきだったのです。ホントに儲かる商売なら、業者は誰にも教えず、自分たちが独占して儲けるものです。

98 なぜ日本では子供への「虐待」がなくならないのか？

日本では、子供への虐待のニュースが多くなっているように感じますが、実態はどうなのでしょう。なんと、**児童相談所における児童虐待の相談件数は、30年近くにわたってずっと右肩上がりで増えている**のでした。２０１７年度は、前年に比べて1万1千件も増え、その数13万３７７８件です。１９９０年度の年間１１０１件に対して１２１倍もの増加なのです。年間の死亡件数もずっと50件を超え、１週間に１人以上の子供の命が奪われていました。しかも、加害者の30％は実母、実父が15％なのです。義父や義母が加害者になるよりも、実の親が我が子を殺すケースが多いのでした。

虐待の内容は、「心理的虐待」が5割強で最も多く、「身体的虐待」が3割弱、「ネグレクト（育児放棄）」が2割弱、残りが「性的虐待」などもあります。

なぜに、こんな痛ましいことになっているのでしょうか。未解明の謎なのです。

専門家の分析によれば、虐待の加害者に実母が多いことから、シングルマザーなどの貧困化によるストレスが背景にあるのでは――と指摘しますが、DV（ドメスチック・バイオレンス＝家庭内暴力）とも絡んでいるため、本当の理由は不明で、千差万別といったところのようです。子供への虐待が増加しているのは、日本だけの現象でしょうか。

実は**世界的にも、子供への虐待数は増加中**です。ユニセフの調査でも顕著なのです。米国では、虐待で死亡する子供は1週間に15人もいます。

やはり、実母が加害者のケースが多く、年間の被虐待児童数は平均数百万人に上るというデータもあります。米国や英国は12歳未満の子供を一人で留守番させたり、幼児を一人で庭遊びさせているだけで、「児童虐待」として警察に通報される国ですが、虐待が多いからそうなった――とさえいわれています。

子供を虐待から守るには、周囲の人々の早期発見が大事でしょう。見て見ぬふりは、虐待の共犯と同じです。原因は未解明でも、おかしいと思ったら即通報が重要なのです。

99 なぜ「殺人事件」の犠牲者数は減り続けているのか？

格差社会が広がり、世の中全体が殺伐として、凶悪犯罪や殺人事件が増えていると実感する人は少なくないでしょう。しかし、それはマスメディアの報道が、事件をより詳細に報じる傾向が強く影響しており、**実際には凶悪事件も殺人事件も減少**しています。

このへんは、児童への虐待件数が増えているデータとは大きく異なるところなのです。

日本での殺人事件の他殺による死亡者数推移を見ると、1955年のピーク時に2119人を記録したのち、60年から75年は概《おおむ》ね1300〜1400人台、75年以降はほぼ右肩下がりとなり、86年以降は千人を切り、直近の2017年は284人まで減少しています。事件の内容は親族間が5割強ですが、面識者が8割で面識のない関係は2割です。犯人の8割弱が男性ですが女性も2割強います。殺人の動機で多いのは、憤懣《ふんまん》、激情、報復・怨恨《えんこん》、暴力団の勢力争い、痴情・異性間トラブル、介護・養育疲れ……などとなっています。さて、なぜ殺人事件やその犠牲者数は減り続けてきたのでしょうか。

諸説あるものの、未解明の謎なのです。**血気に逸りやすい若年層の人口が少子化で減り、高齢者層が増えているから――という説**もありますが、ストレス過多の現代社会との整合性がないようにも思える説でしょう。実感が伴いません。

実は米国でも暴力事件や凶悪犯罪数、殺人による犠牲者数といったデータは、いずれも90年代前半をピークに下がり続けています。しかし、その理由もはっきりしません。

警察による「犯罪予防・抑止効果説」や、人工妊娠中絶の増加が10代未婚の貧困化を抑制し、20年後の高犯罪率青年の増加を抑制したとする「中絶効果説」、囚人の増加による犯罪者の「監獄代替説」、オバマ大統領の出現が黒人青年を非行化から遠ざけたとする「オバマ効果説」、ガソリンへの鉛成分の含有禁止で、青少年をイライラさせる鉛成分の体内摂取が減ったことによる「脱鉛効果説」など、諸説あるものの未解明なのです。

いずれにしろ、暴力や殺人が減ることはよいことですが、不思議なことでしょう。

100 なぜ「究極の節税対策」が次々編み出されるのか？

税法は毎年のように細かく変更されます。過度な節税が可能となる法律のグレーゾーンを埋め、税体系全体のバランスをとるためですが、それでも「究極の節税対策」は次々編み出されます。富裕層にとっては、子供らへの相続税を回避したいので当然でしょう。

それにしても、社会の仕組みを手玉にとった新しい「逃税術」が次々登場するのは不思議なのです。法律とのイタチごっこが続く「究極の節税対策」になっているからです。

たとえば、相続時の税金は、不動産のほうが現預金より評価が低くなり有利です。しかも、「貸家建付地」などの評価になる貸家が有利でしょう。

しかし、2018年4月以降は、購入後3年経過しないと「小規模宅地の特例の適用はナシ」に変更されました。取得後3年以上長生きしないと認められなくなったのです。

また、都心のタワーマンションの高層階の住戸も「究極の節税対策」でした。高層階のマンションはもともと土地評価額が低く、さらに建物価格は低層階より高層階のほうが高いのに価格が安い低層階の住戸と相続税評価額は同じだったからです。しかしこれも、2017年4月以降に販売されたマンションから、相続時には高層階ほど少しずつ税率が上がるように改められました。**「究極の節税対策」**は、次々と穴が埋められます。

他にも、不動産を法人（会社もしくは一般社団法人）所有にして、家族を役員にして報酬を受け取らせ、財産の移転を図る方法もあります。会社の場合の相続時は株式評価での相続税はかかりますが、法人には贈与税も相続税もかからないからです。ただし、一般社団法人の場合は相続時も税金が不要でしたが、2018年の法改正で役員の過半数が同族と認められる場合は、相続税が徴収されるように変わりました。さらに、孫を養子にして相続人の数を増やす（税法上は2人までに変更された）、解約返戻金ゼロで満期10年の生命保険に5千万円の前納で入り、途中で子供に贈与する方法もあります（解約返戻金ゼロなら贈与税ゼロで満期保険金5千万円が10年後に入る）。**今後の新しい「逃税術」は未解明**ですが、節税対策は早めに行わないと次々と穴が埋められるわけです。

未解明の不思議

2019年5月25日　初版発行

著者　神岡真司

神岡真司（かみおか・しんじ）
心理学研究家。最新の心理学理論をベースにした法人対象のモチベーションセミナー、コミュニケーショントレーニング、人材開発コンサルティングなどで活躍中。心理学のみならず、世の中の「真理」研究をライフワークとしている。主な著書に『ヤバい心理学』（日本文芸社）、『10秒で相手を見抜く&操る 心理術サクッとノート』（永岡書店）『思い通りに人をあやつる 101の心理テクニック』（フォレスト出版）、『衝撃の真実100』（ワニブックスPLUS新書）などがある。
kamiokashinzi0225@yahoo.co.jp

※本書の記述は個人の見解であり、特定の人物・団体などを否定する意図は含んでおりません。また、紹介している学説などは、多数ある説の中のひとつです。とくに健康に関わるものなどは、すべての方に同様にあてはまるわけではありません。医師の指導のもと、ご自身に合った健康法をお試しください。

発行者　横内正昭
編集人　内田克弥
発行所　株式会社ワニブックス
〒150-8482
東京都渋谷区恵比寿4-4-9えびす大黒ビル
電話　03-5449-2711（代表）
　　　03-5449-2716（編集部）

装丁　小口翔平＋永井里実（tobufune）
本文・DTP　斎藤 充（クロロス）
ブックデザイン　橘田浩志（アティック）
資料＋データ協力　神樹兵輔&21世紀ビジョンの会
校正　玄冬書林
編集　内田克弥（ワニブックス）

印刷所　凸版印刷株式会社
製本所　ナショナル製本

ISBN 978-4-8470-6623-8
ワニブックスHP　http://www.wani.co.jp/
WANI BOOKOUT　http://www.wanibookout.com/